Les Rebelles

Une collection dirigée par
Jean-Noël Jeanneney

Le Monde

CONTRE L'ARGENT FOU

6

Une anthologie présentée par :
Damien de Blic
Jeanne Lazarus

Responsable éditorial :
Grégoire Kauffmann

Assistant éditorial : Anatole Le Bras

ISBN de la collection « Les Rebelles » : 978-2-36156-068-3
ISBN : 978-2-36156-074-4

À paraître
dans la collection

Tome 1
Les résistants 1
Jean Moulin et les soutiers de la gloire

Tome 2
Les résistants 2
Lucie Aubrac et l'armée des ombres

Tome 3
Victor Hugo
L'irréductible

Tome 4
Les anarchistes
Ni Dieu ni maître !

Tome 5
Jean Jaurès
Justice d'abord !

Tome 6
Contre l'argent fou

Tome 7
Georges Clemenceau
La liberté à tout prix

Tome 8
La contre-révolution

Tome 9
Léon Blum
La force d'espérer

Tome 10
1848, le printemps des peuples

Introduction

L'argent a-t-il « un pouvoir sans bornes », comme l'a écrit Marx en 1844 ? Banquiers, spéculateurs, exilés fiscaux, traders, agences de notation, marchés financiers semblent le confirmer : ces acteurs au cœur de la tourmente économique nous révoltent souvent, nous fascinent parfois. C'est qu'ils sont autant d'incarnation d'un univers où la finance et l'argent imposent leur loi et leur rythme aux plus modestes comme aux plus puissants. Succession des crises financières depuis la fin des années 1980, multiplication des scandales bancaires, faillite menaçant des États jusqu'au cœur de l'Union européenne, financiarisation incontrôlée de l'économie : l'argent serait-il devenu fou ?

Comment s'opposer à cette folie de l'argent face à laquelle la politique elle-même semble parfois renoncer à lutter ? N'a-t-on à lui objecter que le désabusement, le cynisme ou le discours de la nécessaire adaptation ?

Ils étaient chrétiens, révolutionnaires, socialistes, féministes, intellectuels, plongés dans l'action ou dans la création artistique. Avec les moyens dont ils disposaient, à commencer par leur plume, ils ont affronté l'hydre, désigné l'argent comme l'adversaire à terrasser en vue du bonheur commun. Si beaucoup ont vécu au XIXe siècle ou y sont nés, les expériences qui ont nourri leur indignation ou leur révolte ne sont pas étrangères aux nôtres. Le XIXe siècle et le début du XXe siècle offrent des similitudes frappantes avec le contexte né de la fin des Trente Glorieuses, soumis à la récurrence et à la succession des crises et des krachs. Les institutions mises en place au lendemain de la Seconde Guerre mondiale semblaient avoir fait disparaître les crises de l'horizon des économies capitalistes : les coups de boutoir qu'elles ont reçus ont rendu toute leur actualité aux analyses de Proudhon sur la Bourse de 1854.

Les textes réunis dans cette anthologie, classés par ordre chronologique, proposent des styles très éclectiques, depuis les outrances du curé révolutionnaire Jacques Roux au ton posé et tranchant de Simone de Beauvoir, en passant par l'éloquence de Victor Hugo ou l'ironie de Jean Giraudoux. Leurs cibles varient également : le financier affameur, l'homme politique lâche ou corrompu, le mari autocrate ou le bourgeois mesquin. La fiction (roman et théâtre) côtoie les discours politiques et les essais théoriques ou polémiques. Pourtant, tous partagent la même indignation devant le pouvoir de l'argent et ceux qui le possèdent, et cherchent comment y résister.

Trois grands thèmes traversent les pages qui suivent. Le premier est celui des outrages de la finance. Depuis l'avènement du capitalisme, les crises économiques commencent le plus souvent par des crises financières et le rôle inaugural joué par les krachs boursiers n'est plus à démontrer. Il n'est guère étonnant, dans ces conditions, que ce soit à la Bourse que les critiques sociaux soient allés chercher – pour les démasquer – les secrets de l'argent fou. Où, ailleurs que sur les marchés financiers, se donne mieux à voir la folie de l'argent laissé à lui-même ? Ce tourbillon de sommes faramineuses rapidement accumulées mais aussitôt évaporées, selon des mécanismes invisibles au plus grand nombre engendre des types sociaux comme Mercadet, le faiseur de Balzac, expert dans le maniement des mots et de l'opacité. Et si lutter contre l'argent fou, c'était d'abord lever le voile sur ces mystères ? C'est ce que Pierre-Joseph Proudhon croyait déjà il y a plus de 150 ans, lorsqu'il rédigea son manuel à la pédagogie remarquablement efficace, comme on le constatera en lisant son explication du fonctionnement des marchés à terme. Ce manuel de 1854 fut le modèle de nombreux textes contre l'argent, littéraires ou analytiques, qui accompagneront la crise financière de 1857 – première crise boursière de l'histoire de France.

Mais si les pratiques financières indignent, révoltent et scandalisent, c'est que l'argent récolté non seulement paraît inutile à la collectivité, mais semble ne provenir que de l'asservissement du travail réel – Giraudoux ne compare-t-il pas les financiers à des « mecs [1] » ?

Toutefois, la Bourse n'a pas le monopole des folies de l'argent, et ceux qui s'opposent à lui se demandent en fait si la « gangrène » n'a pas atteint la société tout entière. Le second thème qui parcourt l'ouvrage est ainsi celui de la résistance à l'aliénation générale née du règne de l'argent, qui menace jusqu'à la définition de l'humanité. Dans des styles très différents, mais la même année – 1933, ce n'est pas anodin – Emmanuel Mounier et Georges Bataille déploient leur talent littéraire pour déplorer, dans les sociétés capitalistes, l'abaissement de la vie personnelle à des considérations monétaires. Les auteurs chrétiens de l'ouvrage ne sont pas les moins virulents. Face à la menace que l'argent fait peser sur l'essence même de la personne, le critique se fait prophète : la violence de l'attaque menée par Léon Bloy contre l'inhumanité des riches, au nom de l'Évangile et de la morale du don, n'a rien perdu de sa force. Une rébellion souvent motivée par une recherche d'authenticité : Karl Marx voudrait que l'amour ne s'échange que contre de l'amour ; Léon Blum décrit le socialisme comme un idéal pouvant faire concurrence à un monde mû par l'appât du gain.

La réalité morale de l'argent n'apparaît jamais autant que lorsque l'inégalité de sa répartition devient flagrante, c'est le troisième fil de ce volume. Si les institutions et les politiques économiques et sociales mises en place pendant les Trente Glorieuses avaient pu atténuer les inégalités, riches et pauvres ont ressurgi depuis comme des catégories pertinentes, évidentes, massives, comme elles l'étaient il y a un siècle et au-delà. Péguy, Bloy encore, nous rappellent la profonde injustice et le scandale de la pauvreté au cœur des sociétés qui se voient comme prospères. Car chacun n'est pas également menacé par la pauvreté. L'argent révèle crûment les inégalités de condition, il redouble les dominations existantes, les renforce, les cumule.

1. Qui seraient en français contemporain plutôt appelés des « macs ».

Il nous a semblé important d'accorder une attention spécifique à la situation des femmes. Les articles d'Hubertine Auclert – qui à la fin du XIXe siècle réclamait l'accès égal des femmes aux budgets publics et privés – trouvent un écho saisissant dans les écrits de Simone de Beauvoir, pourtant témoin de l'accès au vote et de la fin de la législation oppressive qui condamnait les femmes mariées à la minorité.

Et si, face à l'argent fou, c'était d'abord de mots que nous manquions ? C'est à combler ce déficit de mots que vise la présente anthologie.

Damien DE BLIC,
Jeanne LAZARUS

Jacques Roux (1752-1794),
Les riches, c'est-à-dire les méchants

Ce discours, prononcé par Jacques Roux devant la Convention le 25 juin 1793, est connu sous le nom de « Manifeste des enragés ». Roux est un « curé rouge ». Chassé de Saintonge, il arrive à Paris en 1791. Devenu l'un des chefs de file des « enragés », qui représentaient l'extrême gauche des révolutionnaires parisiens, il est considéré comme l'instigateur de plusieurs émeutes contre la « vie chère ». La guerre à l'extérieur et à l'intérieur entraîne alors une grave pénurie de denrées ; certains spéculent et s'enrichissent tandis que les prix s'envolent et que la famine menace.

Roux souhaite faire inscrire dans la Constitution un article protégeant la liberté de commerce, mais condamnant à mort les agioteurs et usuriers. Ayant obtenu l'assentiment du club des Cordeliers, il se présente le 25 juin devant la Convention – qui a voté la veille la Constitution – pour y présenter sa pétition. Son ton est extrêmement vindicatif à l'égard des députés. Conspué par les conventionnels, Roux termine son discours « au milieu d'un déchaînement d'insultes » (Mathiez). Il est expulsé de l'assemblée peu après. Les Montagnards le font arrêter comme contre-révolutionnaire en septembre 1793 (l'épigraphe indique qu'il s'y attend). Roux se suicide en prison en février 1794.

Si ce discours est passé à la postérité, et en particulier dans l'histoire socialiste (Jaurès, notamment, s'est intéressé à Jacques Roux), c'est qu'on y trouve les thèmes devenus classiques de la défense du peuple contre les puissances de l'argent – le futur « Mur d'argent » d'Édouard Herriot en 1926 ou « les deux cents familles » de Daladier en 1934 – ici les banquiers, les marchands et plus généralement « les riches, c'est-à-dire les méchants ».

Adresse

Présentée à la Convention Nationale au nom de la section des Gravilliers, de Bonne-Nouvelle et du Club des Cordeliers, par Jacques Roux, officier municipal de Paris, électeur du département et membre du Club des Cordeliers, rédacteur de l'adresse et orateur de la députation.

« Peuple, je brave la mort pour soutenir tes droits ; prouve-moi ta reconnaissance en respectant les personnes et les propriétés. »
Jacques Roux

Délégués du peuple français,

Cent fois cette enceinte sacrée a retenti des crimes des égoïstes et des fripons ; toujours vous nous avez promis de frapper les sangsues du peuple. L'acte constitutionnel va être présenté à la sanction du souverain ; y avez-vous proscrit l'agiotage ? Non. Avez-vous prononcé la peine de mort contre les accapareurs ? Non. Avez-vous déterminé en quoi consiste la liberté du commerce ? Non. Avez-vous défendu la vente de l'argent monnayé ? Non. Eh bien ! Nous vous déclarons que vous n'avez pas tout fait pour le bonheur du peuple.

La liberté n'est qu'un vain fantôme quand une classe d'hommes peut affamer l'autre impunément. L'égalité n'est qu'un vain fantôme quand le riche par le monopole exerce le droit de vie et de mort sur son semblable. La république n'est qu'un vain fantôme quand la contre-révolution s'opère, de jour en jour, par le prix des denrées, auquel les trois quarts des citoyens ne peuvent atteindre, sans verser des larmes.

Cependant, ce n'est qu'en arrêtant le brigandage du négoce, qu'il faut bien distinguer du commerce ; ce n'est qu'en mettant les comestibles à la portée des sans-culottes, que vous les attacherez à la Révolution et que vous les rallierez autour des lois constitutionnelles.

Eh quoi ! Parce que des mandataires infidèles, les hommes d'État [1], ont appelé sur notre malheureuse patrie les fléaux de la guerre étrangère, faut-il

1. Nom que Marat donne aux Girondins.

que le riche nous en déclare une plus terrible encore au-dedans ? Parce que trois cent mille Français, traîtreusement sacrifiés, ont péri par le fer homicide des esclaves des rois, faut-il que ceux qui gardaient leurs foyers soient réduits à dévorer des cailloux ? Faut-il que les veuves de ceux qui sont morts pour la cause de la liberté paient au prix de l'or, jusques au coton dont elles ont besoin pour essuyer leurs larmes ? Faut-il qu'elles paient au prix de l'or, le lait et le miel qui servent de nourriture à leurs enfants ?

Mandataires du peuple, lorsque vous aviez dans votre sein les complices de Dumouriez [2], les représentants de la Vendée [3], les royalistes qui ont voulu sauver le tyran [4] ; ces hommes exécrables qui ont organisé la guerre civile, ces sénateurs inquisitoriaux qui décrétaient d'accusation le patriotisme et la vertu, la section des Gravilliers [5] suspendit son jugement... Elle s'aperçut qu'il n'était pas du pouvoir de la Montagne de faire le bien qui était dans son cœur, elle se leva...

Mais aujourd'hui que le sanctuaire des lois n'est plus souillé par la présence des Gorsas, des Brissot, des Pétion, des Barbaroux et des autres chefs des appelants [6], aujourd'hui que ces traîtres, pour échapper à l'échafaud, sont allés cacher, dans les départements qu'ils ont fanatisés, leur nullité et leur infamie ; aujourd'hui que la Convention nationale est rendue à sa dignité et à sa vigueur, et n'a besoin pour opérer le bien que de le vouloir, nous vous conjurons, au nom du salut de la république, de frapper d'un anathème constitutionnel l'agiotage et les accaparements, et de décréter ce principe général que le commerce ne consiste pas à ruiner, à désespérer, à affamer les citoyens.

Les riches seuls, depuis quatre ans, ont profité des avantages de la Révolution. L'aristocratie marchande, plus terrible que l'aristocratie nobiliaire et sacerdotale, s'est fait un jeu cruel d'envahir les fortunes individuelles et les

2. Charles-François du Perrier du Mouriez, dit Dumouriez (1739-1823), général sous la monarchie, puis sous la république, démasqué en avril 1793 alors qu'il fomentait un coup d'État pour rétablir une monarchie constitutionnelle. En juin 1793, il est passé du côté des Autrichiens.

3. L'insurrection vendéenne a commencé au printemps 1793.

4. Louis XVI a été exécuté le 21 janvier 1793.

5. Section à laquelle appartient Jacques Roux, l'une des plus populaires de Paris.

6. Dans cette phrase, Roux mentionne les députés girondins à la Convention. Le 2 juin, 80 000 hommes, essentiellement des gardes nationaux, lors d'une insurrection préparée par Marat, avaient assiégé la Convention et obtenu que 29 députés girondins soient « décrétés d'arrestation ». La plupart seront exécutés dans les mois suivants. Il leur était reproché d'être trop timorés face aux Vendéens et aux défaites militaires à l'extérieur. Les Montagnards prirent alors le pouvoir dans la Convention, et à partir de septembre 1793 mirent la Terreur à l'ordre du jour.

trésors de la république ; encore ignorons-nous quel sera le terme de leurs exactions, car le prix des marchandises augmente d'une manière effrayante, du matin au soir. Citoyens représentants, il est temps que le combat à mort que l'égoïste livre à la classe la plus laborieuse de la société finisse. Prononcez contre les agioteurs et les accapareurs : Ou ils obéiront à vos décrets ou ils n'y obéiront pas. Dans la première hypothèse, vous aurez sauvé la patrie ; dans le second cas, vous aurez encore sauvé la patrie, car nous serons à portée de connaître et de frapper les sangsues du peuple.

Eh quoi ! Les propriétés des fripons seraient-elles quelque chose de plus sacré que la vie de l'homme ? La force armée est à la disposition des corps administratifs, comment les subsistances ne seraient-elles pas à leur réquisition ? Le législateur a le droit de déclarer la guerre, c'est-à-dire de faire massacrer les hommes, comment n'aurait-il pas le droit d'empêcher qu'on pressure et qu'on affame ceux qui gardent leurs foyers ?

La liberté du commerce est le droit d'user et de faire user, et non le droit de tyranniser et d'empêcher d'user. Les denrées nécessaires à tous doivent être livrées au prix auquel tous puissent atteindre, prononcez donc, encore une fois... les sans-culottes avec leurs piques feront exécuter vos décrets...

Vous n'avez pas hésité à frapper de mort ceux qui oseraient proposer un roi, et vous avez bien fait ; vous venez de mettre hors la loi les contre-révolutionnaires qui ont rougi, à Marseille, les échafauds du sang des patriotes, et vous avez bien fait ; vous auriez encore bien mérité de la patrie, si vous eussiez mis à prix la tête des Capets fugitifs et des députés qui ont déserté leur poste ; si vous eussiez expulsé de nos armées les nobles et ceux qui tenaient leurs places de la cour ; si vous eussiez pris en otage les femmes, les enfants des émigrés et des conspirateurs, si vous eussiez retenu pour les frais de la guerre les pensions des ci-devant privilégiés, si vous eussiez confisqué au profit des volontaires et des veuves les trésors acquis depuis la Révolution par les banquiers et les accapareurs ; si vous eussiez chassé de la Convention les députés qui ont voté l'appel au peuple, si vous eussiez livré aux tribunaux révolutionnaires les administrateurs qui ont provoqué le fédéralisme, si vous eussiez frappé du glaive de la loi les ministres et les membres du conseil exécutif qui ont laissé former un noyau de contre-révolution à la Vendée ; si enfin vous eussiez mis en état d'arrestation ceux qui ont signé les pétitions anticiviques, etc., etc. Or les accapareurs et les agioteurs ne sont-ils pas autant et plus coupables encore ? Ne sont-ils pas, comme eux, de véritables assassins nationaux ? Ne craignez donc pas de faire éclater sur ces vampires la foudre de votre justice : ne craignez pas de rendre le peuple trop heureux. Certes, il n'a jamais calculé lorsqu'il a été question de tout faire pour vous. Il vous a prouvé, notamment dans les journées du 31 mai et du 2 juin, qu'il voulait la liberté toute entière. Donnez-lui en échange du pain, et un décret ; empêchez qu'on ne mette le bon peuple à la question ordinaire et extraordinaire par le prix excessif des comestibles.

Jusques à présent, les gros marchands qui sont par principe les fauteurs du crime, et par habitude les complices des rois, ont abusé de la liberté du commerce pour opprimer le peuple ; ils ont faussement interprété cet article de la déclaration des droits de l'homme qui établit qu'il est permis de faire tout ce qui n'est pas défendu par la loi. Eh bien ! décrétez constitutionnellement que l'agiotage, la vente de l'argent-monnaie, et les accaparements sont nuisibles à la société. Le peuple qui connaît ses véritables amis, le peuple qui souffre depuis si longtemps verra que vous vous apitoyez sur son sort et que vous voulez sérieusement guérir ses maux ; quand il aura une loi claire et précise dans l'acte constitutionnel, contre l'agiotage et les accaparements, il verra que la cause du pauvre vous tient plus à cœur que celle du riche, il verra qu'il ne siège point parmi vous des banquiers, des armateurs, et des monopoleurs ; il verra enfin que vous ne voulez pas la contre-révolution.

Vous avez, il est vrai, décrété un emprunt forcé d'un milliard sur le riche ; mais si vous n'arrachez pas l'arbre de l'agiotage, si vous ne mettez un frein national à l'avidité des accapareurs, le capitaliste, le marchand, dès le lendemain, lèveront cette somme sur les sans-culottes, par le monopole et les concussions[7] ; ce n'est donc plus l'égoïste, mais le sans-culotte que vous avez frappé. Avant votre décret, l'épicier et le banquier n'ont cessé de pressurer les citoyens ; quelle vengeance n'exerceront-ils pas aujourd'hui que vous les mettrez à contribution, quel nouveau tribut ne vont-ils pas lever sur le sang et les larmes du malheureux ?

En vain, objecterait-on que l'ouvrier reçoit un salaire en raison de l'augmentation du prix des denrées. À la vérité il en est quelques-uns dont l'industrie est payée plus cher ; mais il en est aussi beaucoup dont la main-d'œuvre est moins salariée depuis la Révolution. D'ailleurs tous les citoyens ne sont pas ouvriers ; tous les ouvriers ne sont pas occupés, et parmi ceux qui le sont,

7. Détournement de fonds publics.

il en est qui ont huit à dix enfants incapables de gagner leur vie, et les femmes en général ne gagnent pas au-delà de vingt sous par jour.

Députés de la Montagne, que n'êtes vous montés depuis le troisième jusqu'au neuvième étage des maisons de cette ville révolutionnaire, vous auriez été attendris par les larmes et les gémissements d'un peuple immense sans pain et sans vêtements, réduit à cet état de détresse et de malheur par l'agiotage et les accaparements, parce que les lois ont été cruelles à l'égard du pauvre, parce qu'elles n'ont été faites que par les riches et pour les riches.

Ô rage, ô honte du XVIIIe siècle ! Qui pourra croire que les représentants du peuple français, qui ont déclaré la guerre aux tyrans du dehors, ont été assez lâches pour ne pas écraser ceux du dedans ? Sous le règne des Sartine[8] et des Flesselles[9], le gouvernement n'aurait pas toléré qu'on fît payer les denrées de première nécessité trois fois au-dessus de leur valeur ; que dis-je, ils fixaient le prix des armes et de la viande pour le soldat. Et la Convention nationale, investie de la force de vingt-cinq millions d'hommes, souffrira que le marchand et le riche égoïste leur portent habituellement le coup de la mort, en taxant arbitrairement les choses les plus utiles à la vie. Louis Capet n'avait pas besoin, pour opérer la contre-révolution, de provoquer la foudre des puissances étrangères. Les ennemis de la patrie n'avaient pas besoin d'incendier d'une pluie de feu les départements de l'Ouest ; l'agiotage et les accaparements suffisent pour renverser l'édifice des lois républicaines.

Mais c'est la guerre, dira-t-on, qui est la cause de la cherté des vivres. Pourquoi donc, représentants du peuple, l'avez-vous provoquée en dernier lieu ? Pourquoi, sous le cruel Louis XIV, le Français eut-il à repousser la ligue des tyrans, et l'agiotage n'étendit pas sur cet empire l'étendard de la révolte, de la famine et de la dévastation ? Et, sous ce prétexte il serait donc permis au marchand de vendre la chandelle six francs la livre, le savon six francs la livre, l'huile six francs la livre. Sous le prétexte de la guerre, le sans-culotte paierait donc les souliers 50 liv. la paire, une chemise 50 liv., un mauvais chapeau 50 liv.... C'est pour le coup qu'on pourrait dire que les prédictions de *Cazalès* et de *Maury*[10] sont accomplies : dans ce cas, vous auriez conspiré, avec eux, contre la liberté de la patrie ; que dis-je, vous les auriez surpassés en trahi-

8. Lieutenant général de police de Louis XVI.

9. Prévôt des marchands de Paris, tué le 14 juillet 1789.

10. Il s'agit d'un député de la noblesse et d'un député du clergé aux états généraux, qui ont tous deux émigré en 1792.

son. C'est pour le coup que les Prussiens et les Espagnols pourraient dire : nous sommes les maîtres d'enchaîner les Français car ils n'ont pas le courage d'enchaîner les monstres qui les dévorent ; c'est pour le coup qu'on pourrait dire : qu'en répandant à propos des millions, qu'en associant les banquiers et les gros marchands au parti des contre-révolutionnaires, la république se détruirait par elle-même.

Mais c'est le papier, dit-on encore, qui est la cause de la cherté des vivres : Ah ! le sans-culotte ne s'aperçoit guère qu'il y en a beaucoup en circulation... au reste sa prodigieuse émission est une preuve du cours qu'il a, et du prix qu'on y attache. Si l'assignat a une hypothèque réelle, s'il repose sur la loyauté de la nation française, la quantité des effets nationaux ne leur ôte donc rien de leur valeur. Parce qu'il y a beaucoup de monnaie en circulation, est-ce une raison pour oublier qu'on est homme, pour commettre dans les tavernes du commerce des brigandages, pour se rendre maître de la fortune et de la vie des citoyens, pour employer tous les moyens d'oppression que suggèrent l'avarice et l'esprit de parti, pour exciter le peuple à la révolte et le forcer, par la disette et le supplice des besoins, à dévorer ses propres entrailles ?

Mais les assignats perdent beaucoup dans le commerce... Pourquoi donc les banquiers, les négociants et les contre-révolutionnaires du dedans et du dehors en remplissent-ils leurs coffres ? Pourquoi ont-ils la cruauté de diminuer le salaire à certains ouvriers, et n'accordent-ils pas une indemnité aux autres ! Pourquoi n'offrent-ils pas l'escompte, lorsqu'ils acquièrent les domaines nationaux ? L'Angleterre, dont la dette excède peut-être vingt fois la valeur de son territoire et qui n'est florissante que par le papier de sa banque, paie-t-elle à proportion les denrées aussi cher que nous les payons ? Ah ! le ministre Pitt [11] est trop adroit pour laisser accabler ainsi les sujets de George [12] ! Et vous, citoyens représentants, vous, les députés de la Montagne, vous qui vous faites gloire d'être du nombre des sans-culottes, du haut de votre immortel rocher, vous n'anéantirez l'hydre sans cesse renaissante de l'agiotage !

Mais, ajoute-t-on, on tire de l'étranger bien des articles, et il ne veut en paiement que de l'argent. Cela est faux ; le commerce s'est presque toujours fait par échange de marchandise contre marchandise, et du papier contre papier ; souvent même on a préféré des effets au numéraire. Les espèces métalliques

11. William Pitt, chancelier de l'Échiquier et Premier ministre britannique.

12. George III, roi d'Angleterre.

qui circulent en Europe ne suffiraient pas, pour acquitter la cent millième partie des billets qui sont en émission. Ainsi, il est clair comme le jour, que les agioteurs et les banquiers ne discréditent les assignats que pour vendre plus cher leur argent, pour trouver occasion de faire impunément le monopole et de trafiquer dans le comptoir du sang des patriotes, qu'ils brûlent de verser.

Mais l'on ne sait pas comment les choses tourneront... Il est très certain que les amis de l'égalité ne souffriront pas toujours qu'on les fasse égorger au dehors, et qu'au-dedans on les assiège par la famine. Il est très certain que toujours, ils ne seront pas les dupes de cette peste publique, des charlatans qui nous rongent comme des vers, des accapareurs dont les magasins ne sont plus qu'un repaire de filous.

Mais, lorsque la peine de mort est prononcée contre quiconque tenterait de rétablir la royauté, lorsque des légions innombrables de citoyens soldats forment avec leurs armes une voûte d'acier, lorsqu'elles vomissent de toutes parts le salpêtre et le feu sur une horde de barbares, le banquier et l'accapareur peuvent-ils dire qu'ils ne savent pas comment les choses tourneront ? Au reste, s'ils l'ignorent, nous venons le leur apprendre. *Le peuple veut la liberté et l'égalité, la république ou la mort ;* et voilà précisément ce qui vous désespère, agioteurs, vils suppôts de la tyrannie !

N'ayant pu réussir à corrompre le cœur du peuple, à le subjuguer par la terreur et la calomnie, vous employez les dernières ressources des esclaves pour étouffer l'amour de la liberté. Vous vous emparez des manufactures, des ports de mer, de toutes les branches du commerce, de toutes les productions de la terre pour faire mourir de faim, de soif et de nudité, les amis de la patrie, et les déterminer à se jeter entre les bras du despotisme.

Mais les fripons ne réduiront pas à l'esclavage un peuple qui ne vit que de fer et de liberté, de privations et de sacrifices. Il est réservé aux partisans [de] la monarchie de préférer des chaînes antiques et des trésors à la république et à l'immortalité.

Ainsi, mandataires du peuple, l'insouciance que vous montreriez plus longtemps serait un acte de lâcheté, un crime de lèse-nation. Il ne faut pas craindre d'encourir la haine des riches, c'est-à-dire des méchants. Il ne faut pas craindre de sacrifier les principes politiques au salut du peuple, qui est la suprême loi.

Convenez donc avec nous que, par pusillanimité, vous autorisez le discrédit du papier, vous préparez la banqueroute, en tolérant des abus, des forfaits dont le despotisme eût rougi, dans les derniers jours de sa barbare puissance.

Nous savons sans doute qu'il est des maux inséparables d'une grande révolution, qu'il n'est pas de sacrifices qu'on ne doive faire, pour le triomphe de la liberté, et qu'on ne saurait payer trop cher le plaisir d'être républicain ; mais aussi nous savons que le peuple a été trahi par deux législatures ; que les vices de la Constitution de 1791 ont été la source des calamités publiques, et qu'il est temps que le sans-culotte qui a brisé le sceptre des rois, voie le terme des insurrections et de toute espèce de tyrannie.

Si vous n'y portez un prompt remède, comment ceux qui n'ont aucun état, ceux qui n'ont que 2, 3, 4, 5 ou 6 cents livres de rentes, encore mal payées, soit en pension viagère, soit sur des caisses particulières, subsisteront-ils, si vous n'arrêtez le cours de l'agiotage et des accaparements, et cela par un décret constitutionnel qui n'est pas sujet aux variations des législatures. Il est possible que nous n'ayons la paix que dans vingt ans ; les frais de la guerre occasionneront une émission nouvelle de papier ; voudriez-vous donc perpétuer nos maux pendant tout ce temps-là, déjà trop long, par l'autorisation tacite de l'agiotage et des accaparements ? Ce serait là le moyen d'expulser tous les étrangers patriotes, et d'empêcher les peuples esclaves de venir respirer en France l'air pur de la liberté.

N'est-ce donc pas assez que vos prédécesseurs, pour la plupart d'infâme mémoire, nous aient légué la monarchie, l'agiotage et la guerre, sans que vous nous léguiez la nudité, la famine et le désespoir ? Faut-il que les royalistes et les modérés, sous prétexte de la liberté du commerce, dévorent encore les manufactures, les propriétés, qu'ils s'emparent du blé des champs, des forêts et des vignes, de la peau même des animaux, et qu'ils boivent encore dans des coupes dorées le sang et les larmes de citoyens, sous la protection de la loi ?

Députés de la Montagne, non, non, vous ne laisserez pas votre ouvrage imparfait ; vous fonderez les bases de la prospérité publique ; vous consacrerez les principes généraux et répressifs de l'agiotage et des accaparements ; vous ne donnerez pas à vos successeurs l'exemple terrible de la barbarie des hommes puissants sur le faible, du riche sur le pauvre ; vous ne terminerez pas enfin votre carrière avec ignominie.

Dans cette pleine confiance, recevez ici le nouveau serment que nous faisons de défendre jusques au tombeau la liberté, l'égalité, l'unité et l'indivisibilité de la république, et les sans-culottes opprimés des départements.

Qu'ils viennent, qu'ils viennent bien vite à Paris, cimenter les liens de la fraternité ! C'est alors que nous leur montrerons ces piques immortelles qui ont renversé la Bastille ; ces piques qui font tomber en putréfaction la commission des douze [13] et la faction des hommes d'État ; ces piques qui feront justice des intrigants et des traîtres, de quelque masque qu'ils se couvrent, et quelque pays qu'ils habitent. C'est alors que nous les conduirons au pied de ce jeune chêne où les Marseillais et les sans-culottes des départements abjurèrent leur erreur, et firent serment de renverser le trône. C'est alors enfin que nous les accompagnerons dans le sanctuaire des lois, où d'une main républicaine nous leur montrerons le côté qui voulut sauver le tyran et la Montagne qui prononça sa mort.

Vive la vérité, vive la Convention nationale, vive la république française !

Texte établi d'après l'imprimé de 12 pages que le rédacteur de l'adresse publia lui-même peu après la séance de la Convention.
Reproduit par Albert Mathiez, *Annales révolutionnaires*, 7e année, n° 4, juillet-septembre 1914, extrait p. 548-556 [14].
C'est Mathiez qui nomma ce texte « Manifeste des enragés ».

13. Commission mise en place par les députés girondins en mai 1793 pour contrôler les sections de Paris. Elle a été dissoute après l'insurrection du 31 mai, qui préfigurait celle du 2 juin (voir note 6).

14. Mathiez reproduit le texte en français du xviii e siècle, nous avons choisi ici de le présenter avec l'orthographe contemporaine.

Victor Hugo (1802-1885),
Bon appétit messieurs…

Ruy Blas est le *rebelle romantique. Juste et pur, il se dresse devant la corruption et se bat face à ceux que l'argent a pervertis. C'est aussi le porte-parole du peuple, que les grands de ce monde ignorent et méprisent. Drame romantique par excellence – genre que Victor Hugo s'est battu pour faire accepter, notamment avec* Hernani *en 1830 –,* Ruy Blas *a été créé en 1838.*

À la fin du XVII *e siècle, dans l'Espagne de Charles II, Don Salluste, grand d'Espagne disgracié, veut se venger de la reine. Il fait passer Ruy Blas, son laquais, pour son cousin, Don César de Bazan, et le persuade de devenir l'amant de la reine. Ruy Blas aime cette dernière en secret. À son tour, la reine s'éprend de Ruy Blas, et le fait Premier ministre. Mais sa condition de valet le rattrape bientôt : Don Salluste veut refermer le piège et faire éclater le scandale sur la souveraine. Ruy Blas tue Don Salluste, révèle à la reine sa véritable identité puis se suicide.*

Dans l'acte III, Ruy Blas, alors Don César, interrompt le Conseil des ministres au cours duquel ces messieurs se partagent le royaume et ses richesses. Il y prononce ce célèbre monologue, chef-d'œuvre d'éloquence hugolienne célébrant la vertu, l'intégrité et le bien commun contre la cupidité et la corruption.

RUY BLAS, *survenant* – Bon appétit, messieurs !

Tous se retournent. Silence de surprise et d'inquiétude. Ruy Blas se couvre, croise les bras, et poursuit en les regardant en face.

Ô ministres intègres !
Conseillers vertueux ! Voilà votre façon
De servir, serviteurs qui pillez la maison !
Donc vous n'avez pas honte et vous choisissez l'heure,
L'heure sombre où l'Espagne agonisante pleure !
Donc vous n'avez ici pas d'autres intérêts
Que remplir votre poche et vous enfuir après !

Soyez flétris, devant votre pays qui tombe,
Fossoyeurs qui venez le voler dans sa tombe !
– Mais voyez, regardez, ayez quelque pudeur.
L'Espagne et sa vertu, l'Espagne et sa grandeur,
Tout s'en va. – nous avons, depuis Philippe Quatre,
Perdu le Portugal, le Brésil, sans combattre ;
En Alsace Brisach, Steinfort en Luxembourg ;
Et toute la Comté jusqu'au dernier faubourg ;
Le Roussillon, Ormuz, Goa, cinq mille lieues
De côte, et Fernambouc, et les montagnes bleues !
Mais voyez. – du ponant jusques à l'orient,
L'Europe, qui vous hait, vous regarde en riant.
Comme si votre roi n'était plus qu'un fantôme,
La Hollande et l'anglais partagent ce royaume ;
Rome vous trompe ; il faut ne risquer qu'à demi
Une armée en Piémont, quoique pays ami ;
La Savoie et son duc sont pleins de précipices.
La France pour vous prendre attend des jours propices.
L'Autriche aussi vous guette. Et l'infant bavarois
Se meurt, vous le savez. – quant à vos vice-rois,
Médina, fou d'amour, emplit Naples d'esclandres,
Vaudémont vend Milan, Leganez perd les Flandres.
Quel remède à cela ? – l'état est indigent,
L'état est épuisé de troupes et d'argent ;
Nous avons sur la mer, où Dieu met ses colères,
Perdu trois cents vaisseaux, sans compter les galères.
Et vous osez ! ... – messieurs, en vingt ans, songez-y,
Le peuple, – j'en ai fait le compte, et c'est ainsi ! –
Portant sa charge énorme et sous laquelle il ploie,
Pour vous, pour vos plaisirs, pour vos filles de joie,
Le peuple misérable, et qu'on pressure encore,
A sué quatre cent trente millions d'or !
Et ce n'est pas assez ! Et vous voulez, mes maîtres ! ... –
Ah ! J'ai honte pour vous ! – au dedans, routiers, reîtres,
Vont battant le pays et brûlant la moisson.
L'escopette est braquée au coin de tout buisson.
Comme si c'était peu de la guerre des princes,

Guerre entre les couvents, guerre entre les provinces,
Tous voulant dévorer leur voisin éperdu,
Morsures d'affamés sur un vaisseau perdu !
Notre église en ruine est pleine de couleuvres ;
L'herbe y croît. Quant aux grands, des aïeux, mais pas d'œuvres.
Tout se fait par intrigue et rien par loyauté.
L'Espagne est un égout où vient l'impureté
De toute nation. – tout seigneur à ses gages
À cent coupe-jarrets qui parlent cent langages.
Génois, sardes, flamands, Babel est dans Madrid.
L'alguazil [15], dur au pauvre, au riche s'attendrit.
La nuit on assassine, et chacun crie : à l'aide !
– Hier on m'a volé, moi, près du pont de Tolède ! –
La moitié de Madrid pille l'autre moitié.
Tous les juges vendus. Pas un soldat payé.
Anciens vainqueurs du monde, espagnols que nous sommes.
Quelle armée avons-nous ? À peine six mille hommes,
Qui vont pieds nus. Des gueux, des juifs, des montagnards,
S'habillant d'une loque et s'armant de poignards.
Aussi d'un régiment toute bande se double.
Sitôt que la nuit tombe, il est une heure trouble
Où le soldat douteux se transforme en larron.
Matalobos [16] a plus de troupes qu'un baron.
Un voleur fait chez lui la guerre au roi d'Espagne.
Hélas ! Les paysans qui sont dans la campagne
Insultent en passant la voiture du roi.
Et lui, votre seigneur, plein de deuil et d'effroi,
Seul, dans l'Escurial, avec les morts qu'il foule,
Courbe son front pensif sur qui l'empire croule !
– Voilà ! – l'Europe, hélas ! Écrase du talon
Ce pays qui fut pourpre et n'est plus que haillon.
L'État s'est ruiné dans ce siècle funeste,
Et vous vous disputez à qui prendra le reste !
Ce grand peuple espagnol aux membres énervés,
Qui s'est couché dans l'ombre et sur qui vous vivez,

15. L'agent de police
16. Célèbre voleur de l'époque

Expire dans cet antre où son sort se termine,
Triste comme un lion mangé par la vermine !
– Charles-Quint, dans ces temps d'opprobre et de terreur,
Que fais-tu dans ta tombe, ô puissant empereur ?
Oh ! Lève-toi ! Viens voir ! – les bons font place aux pires.
Ce royaume effrayant, fait d'un amas d'empires,
Penche... il nous faut ton bras ! Au secours, Charles-Quint !
Car l'Espagne se meurt, car l'Espagne s'éteint !
Ton globe, qui brillait dans ta droite profonde,
Soleil éblouissant qui faisait croire au monde
Que le jour désormais se levait à Madrid,
Maintenant, astre mort, dans l'ombre s'amoindrit,
Lune aux trois quarts rongée et qui décroît encore,
Et que d'un autre peuple effacera l'aurore !
Hélas ! Ton héritage est en proie aux vendeurs.
Tes rayons, ils en font des piastres ! Tes splendeurs,
On les souille ! – ô géant ! Se peut-il que tu dormes ? –
On vend ton sceptre au poids ! Un tas de nains difformes
Se taillent des pourpoints dans ton manteau de roi ;
Et l'aigle impérial, qui, jadis, sous ta loi,
Couvrait le monde entier de tonnerre et de flamme,
Cuit, pauvre oiseau plumé, dans leur marmite infâme !

Ruy Blas, 1838

Karl Marx (1818-1883),
L'argent peut tout acheter

Les Manuscrits de 1844 *ont été écrits à Paris (Marx ayant fui la censure prussienne et entamé un périple européen avant de s'installer à Londres à partir de 1849) par le « jeune Marx » comme il fut ensuite surnommé, c'est-à-dire par un Karl Marx encore très intéressé par la philosophie, alors qu'à partir de 1846 son œuvre sera centrée sur la critique de l'économie politique. Il analyse ici l'argent non du point de vue des mécanismes économiques, comme il le fera dans* Le Capital, *mais du point de vue de l'existence humaine, en montrant sa puissance de « perversion » et de « confusion ». Marx s'appuie sur Shakespeare et Goethe pour démontrer le pouvoir divin de l'argent, capable non seulement de décupler les forces, mais plus encore de disjoindre entièrement l'individu – la personne réelle – de ses pouvoirs effectifs. Le riche est beau, admirable, honnête, fort, même s'il est un individu laid, estropié, voleur et idiot.*

L'argent « s'échange contre la totalité du monde objectif de l'homme et de la nature ». Dans le dernier paragraphe, aux accents romantiques, Marx expose ce que serait l'authenticité : échanger de l'amour contre de l'amour, de la confiance contre de la confiance, et surtout mettre en cohérence l'individu véritable et la façon dont il est perçu.

Si les *sensations*, les passions, etc., de l'homme ne sont pas seulement des attributions anthropologiques au sens étroit, mais, en vérité, des affirmations *ontologiques* de sa nature, et si elles ne s'affirment réellement que parce que leur objet existe pour elles concrètement, il est évident que 1° le mode de leur affirmation n'est pas toujours le même, mais qu'au contraire la manière distincte dont elles s'affirment constitue le propre de leur existence, de leur vie ; tel que l'objet existe pour elles, tel sera le caractère particulier de leur jouissance ; 2° lorsque l'affirmation sensible est transmutation directe de l'objet sous sa forme indépendante (le manger, le boire, le façonnage de l'objet, etc.), nous parlons d'affirmation de l'objet ; 3° quand l'homme et donc aussi ses sentiments sont *humains*, l'affirmation de l'objet par un autre que lui-même est également sa propre *jouissance ;* 4° ce n'est que par l'industrie développée, c'est-à-dire par la médiation de la propriété privée, que la nature ontologique de la passion humaine se réalise dans sa totalité et dans son humanité ; la science de l'homme est ainsi elle-même un produit de l'activité pratique et personnelle de l'homme ; 5° le sens de la propriété privée – libérée de son aliénation – est l'existence des *objets essentiels* pour l'homme, tant comme objets de jouissance que comme objets d'activité.

L'*argent*, qui possède la *qualité* de pouvoir tout acheter et tout s'approprier, est éminemment l'*objet* de la possession. L'universalité de sa *qualité* en fait la toute-puissance, et on le considère comme un être dont le pouvoir est sans bornes. L'argent est l'*entremetteur* entre le besoin et l'objet, entre la vie et les moyens de vivre. Mais ce qui sert de médiateur à *ma* vie *médiatise* aussi l'existence des autres pour moi. Pour moi, l'argent, c'est *autrui*.

« Allons donc ! tes mains, tes pieds, ta tête et ton derrière t'appartiennent sans doute, mais ce dont je jouis allègrement m'en appartient-il moins ? Si je puis me payer six étalons, leurs forces ne sont-elles pas miennes ? Je galope, et me voici le rude gaillard, comme si j'avais vingt-quatre jambes. » (Goethe, *Faust*)

Shakespeare dans *Timon d'Athènes :*

« De l'or, ce jaune, brillant et précieux métal ! Non, dieux bons ! je ne fais pas de vœux frivoles : des racines, cieux sereins ! Ce peu d'or suffirait à rendre blanc le noir ; beau, le laid ; juste, l'injuste ; noble, l'infâme : jeune, le vieux ; vaillant, le lâche... Eh bien ! cet or écartera de votre droite vos prêtres et vos serviteurs, arrachera l'oreiller du chevet des malades. Ce jaune esclave tramera et rompra les vœux, bénira le maudit, fera adorer la lèpre livide, placera les voleurs, en leur accordant titre, hommage et louange, sur le banc des sénateurs ; c'est lui qui décide la veuve éplorée à se remarier. Celle qu'un hôpital d'ulcérés hideux vomirait avec dégoût, l'or l'embaume, la parfume, et lui fait un nouvel avril... Allons ! poussière maudite, prostituée à tout le genre humain, qui met la discorde dans la foule des nations... »

Et plus loin :

« Ô toi, doux régicide ! cher agent de divorce entre le fils et le père ! brillant profanateur du lit le plus pur d'Hymen ! vaillant Mars ! séducteur toujours jeune, frais, délicat et aimé, dont la rougeur fait fondre la neige consacrée qui couvre le giron de Diane ! *Dieu visible qui rapproche les incompatibles* et les oblige à s'embrasser ! qui parle par toutes les bouches dans tous les sens ! ô pierre de touche des cœurs ! traite en rebelle l'humanité, ton esclave, et par ta vertu jette-la dans un chaos de discordes, en sorte que les bêtes puissent avoir l'empire du monde ! »

Shakespeare décrit parfaitement la nature de l'argent. Pour le comprendre, commençons d'abord par expliquer le passage de Goethe :

Ce que je peux m'approprier grâce à l'argent, ce que je peux payer, c'est-à-dire ce que l'argent peut acheter, je le suis moi-même, moi le possesseur de l'argent. Telle est la force de l'argent, telle est ma force. Mes qualités et la puissance de mon être sont les qualités de l'argent ; elles sont à moi, son possesseur. Ce que je suis, et ce que je puis, n'est donc nullement déterminé par mon individualité. Je suis laid, mais je puis m'acheter la plus belle femme ; aussi ne suis-je pas laid, car l'effet de la laideur, sa force rebutante, est annulée par l'argent. Je suis, en tant qu'individu, un estropié, mais l'argent me procure vingt-quatre pattes ; je ne suis donc pas estropié ; je suis un homme mauvais, malhonnête, sans scrupule, stupide : mais l'argent est vénéré, aussi le suis-je de même, moi qui en possède. L'argent est le bien suprême, aussi son possesseur est-il bon ; que l'argent m'épargne la peine d'être malhonnête, et on me croira honnête ; je manque d'esprit, mais l'argent étant l'esprit réel de toute chose, comment son possesseur pourrait-il être un sot ? De plus, il peut s'acheter des gens d'esprit, et celui qui en est le maître n'est-il pas plus spirituel que ses acquisitions ? Moi qui, grâce à mon argent, suis capable d'obtenir tout ce qu'un cœur humain désire, n'ai-je pas en moi tous les pouvoirs humains ? Mon argent ne transforme-t-il pas toutes mes impuissances en leur contraire ?

Si l'argent est le lien qui m'unit à la vie humaine, qui unit à moi la société et m'unit à la nature et à l'homme, l'argent n'est-il pas le lien de tous les liens ? Ne peut-il pas nouer et dénouer tous les liens ? N'est-il pas, de la sorte, l'instrument de division universel ? Vrai moyen d'union, vraie force chimique de la société, il est aussi la vraie monnaie « divisionnaire ».

Shakespeare signale surtout deux propriétés de l'argent :

1° Il est la divinité manifestée, la transformation de toutes les qualités humaines et naturelles en leur contraire, l'universelle confusion et perversion des choses ; il harmonise les incompatibilités ;

2° Il est la prostituée universelle, l'universel entremetteur des hommes et des peuples.

La perversion et la confusion de toutes les qualités humaines et naturelles, l'harmonisation des incompatibilités – la force divine – de l'argent sont inhérentes à sa nature en tant que nature générique aliénée et aliénante des hommes, en tant que nature qui se livre à autrui. Il est la puissance aliénée de l'humanité.

Ce que je ne puis en tant qu'homme, ce que ne peuvent toutes mes énergies d'individu, je le puis grâce à l'argent. L'argent fait de chacune des puissances de mon être ce qu'elles ne sont pas en soi : il les change en leur contraire.

Si j'ai envie d'un repas, si je veux prendre la chaise de poste, n'étant pas assez fort pour faire la route à pied, l'argent me procure le repas et la chaise de poste, c'est-à-dire qu'il transforme mes vœux – êtres imaginaires – et les transfère de leur existence pensée, figurée ou voulue, dans une existence sensible, réelle : il les fait passer de l'imagination à la vie, de l'être figuré à l'être réel. Cette fonction médiatrice fait de l'argent une puissance véritablement créatrice.

Sans doute, l'envie existe aussi chez qui n'a pas d'argent, mais c'est une chose purement chimérique qui, pour moi, pour un tiers, pour les autres, est sans effet, sans être réel, sans objet. La différence entre la demande effective, fondée sur l'argent, et la demande sans effet, fondée sur mon besoin, ma passion, mon désir, etc., est la différence entre l'être et la pensée, entre l'idée existant seulement en moi et l'idée telle qu'elle est pour moi en dehors de moi en tant qu'objet réel.

Quel que je sois, si je n'ai pas d'argent pour voyager, je n'ai pas de besoin – on veut dire de besoin réel de voyager – susceptible d'être satisfait. Quel que je sois, si j'ai la vocation des études mais point d'argent pour m'y adonner, je n'ai pas la vocation des études, c'est-à-dire une vocation effective, véritable. En revanche, si je n'ai pas réellement la vocation des études, mais que j'ai la volonté et l'argent pour m'y adonner, alors ma vocation sera effective. Moyen et pouvoir universels, extérieurs, venant ni de l'homme en tant qu'homme, ni de la société humaine en tant que société, moyen et pouvoir de changer l'idée en réalité et la réalité en simple idée, l'argent transforme les forces réelles et naturelles de l'homme en idées purement abstraites, en imperfections, chimères et tourments ; de même, les imperfections et les chimères, les puissances stériles et purement imaginaires de l'individu, il les transforme en puissances réelles. En vertu de quoi l'argent est la perversion générale des individualités qu'il change en leur contraire, en leur attribuant des qualités qui ne sont pas le moins du monde les leurs.

Il apparaît alors comme la puissance corruptrice de l'individu, des liens sociaux, etc., qui passent pour être essentiels. Il transforme la fidélité en infidélité, l'amour en haine, la haine en amour, la vertu en vice, le vice en vertu, le valet en maître, le maître en valet, la bêtise en intelligence, l'intelligence en bêtise.

Notion existante et agissante de la valeur, l'argent confond et échange toute chose ; il en est la confusion et la conversion générales. Il est le monde à l'envers, la confusion et la conversion de toutes les qualités naturelles et humaines.

Qui peut acheter le courage est courageux, fût-il lâche. L'argent ne s'échange pas contre telle qualité, telle chose, telles forces de l'être humain : il s'échange contre la totalité du monde objectif de l'homme et de la nature. Il sert donc à échanger (du point de vue de son possesseur) toute qualité contre toute autre, fût-elle son contraire. Il fait fraterniser les incompatibilités, il force les ennemis à se donner l'accolade.

Imagine l'homme humain et son rapport au monde comme un rapport humain, et tu ne pourras échanger l'amour que contre l'amour, la confiance que contre la confiance, etc. Si tu veux jouir de l'art, tu devras avoir une culture artistique ; si tu veux avoir un ascendant sur autrui, tu devras être capable d'agir pour le bien des autres et exercer une influence stimulante. Chacun de tes rapports avec l'homme – et avec la nature – devra être une manifestation déterminée, conforme à l'objet de ta volonté, à ta vraie vie individuelle. Si tu aimes sans susciter l'amour réciproque, si ton amour ne provoque pas la réciprocité, si vivant et aimant tu ne te fais pas aimer, alors ton amour est impuissant, il est infortune.

Philosophie, Éditions Folio, 1994 (traduction des *Manuscrits de 1844* par Jean Malaquais et Claude Orsoni), p. 188-194.

Honoré de Balzac (1799-1850),
Le Faiseur

La pièce écrite en 1840 par Balzac, Le Faiseur, *est à l'origine du nom commun désignant les intrigants maîtres dans l'art de se faire passer pour ce qu'ils ne sont pas. C'est une variation sur le thème de la puissance de l'argent et des bassesses que les hommes sont prêts à commettre pour lui.*

Dans le contexte affairiste de la Monarchie de Juillet, Mercadet est un homme d'affaires aux grandes idées, un spéculateur jamais à cours de combinaisons pour se refaire, et un bonimenteur hors-pair, passant ses journées à payer ses créanciers de promesses et d'espérances. Au bord de la ruine, il a mis ses derniers espoirs dans le mariage de sa fille Julie avec un riche héritier, monsieur de la Brive – qui s'avère être lui-même un imposteur sans le sou. Minard, le prétendant de Julie, employé sans fortune, a été refroidi à l'acte II : Mercadet lui a avoué sa ruine et l'absence de dot de Julie, dans le but de le faire fuir. L'acte III reproduit ci-dessous, est une suite de retournements, où l'on ne démêle plus la cupidité de la rouerie, où l'amitié et l'amour sont sans cesse invoqués dans le but de duper et escroquer l'autre.

Balzac semble s'amuser à montrer le puits sans fond de la tromperie, que même la pure Julie utilise pour confondre de la Brive. En courant après l'argent, tous se perdent et la réalité elle-même vacille.

SCÈNE PREMIÈRE

MINARD, *seul* – Si j'étais seulement chef de bureau dans une administration, je ne rapporterais pas ces lettres ! Avant de m'en séparer, je les ai relues ; elles peignent une belle âme, une tendresse infinie. Oh ! la misère ! elle a dévoré peut-être autant de belles amours que de beaux génies ! Avec quel respect nous devons saluer les grands hommes qui la domptent, ils sont deux fois grands !... [17]

17. Mercadet a demandé à Minard de rapporter les lettres d'amour que Julie lui a écrites, puisque leur mariage n'aura pas lieu car Minard a trop peur de rester pauvre.

SCÈNE II

MINARD, JULIE.

JULIE – Je vous ai vu entrer, et me voici. Oh ! je suis sans fierté...
MINARD – Et moi sans force.
JULIE – Vous ne m'aimez pas autant que je vous aime, vous êtes un homme ! Ah ! si vous aviez seulement un regret, Adolphe ?...
MINARD – Eh bien ?
JULIE – Je ferais manquer ce mariage, sans que mon père sût par quel moyen.
MINARD – Et après ?
JULIE – L'avenir serait à nous ! Et, à nous deux, nous saurions devenir riches...
MINARD – Notre avenir a peu de chances favorables. Écoutez-moi, Julie. Après vous avoir quittée, j'ai éprouvé tant de peine, que je suis digne de pardon. Trouvez-moi cupide ou ambitieux, je serai sincère, du moins : je vous ai cru assez de fortune pour offrir un point d'appui aux efforts que je rêvais de tenter pour vous ! Je suis seul au monde, il était bien naturel de demander secours à celle de qui je voulais faire ma compagne. Peut-être même ai-je compté sur le plaisir que vous preniez à mes soins pour vous bien attacher à moi, tant j'avais besoin d'un point d'appui. Mais, en vous connaissant, j'ai ressenti pour vous une sérieuse affection, et ce que votre père m'a dit ne l'a pas éteinte...
JULIE – Vrai !...
MINARD – Oui, Julie, je sens que je vous aime ; et, si j'avais autant de croyance en moi que d'amour pour vous, nous affronterions ensemble les malheurs de la vie !...
JULIE – Assez ! assez ! cet aveu suffit. Il m'en coûtait de vous savoir intéressé... Pas un mot de plus. Je suis heureuse.
MINARD – En vérité, Julie, il me serait possible de beaucoup souffrir ; mais vous ? êtes-vous aguerrie contre le malheur ? Nous n'aurions d'abord que des peines à échanger...
JULIE – Je vous pardonne votre ambition, vos calculs, pardonnez-moi ma persistance. Puisque vous m'aimez, tout me semble possible...
MINARD – C'est donc moi qui suis le doute ; et vous, vous êtes l'espérance.

JULIE – Je tâcherai de rester libre encore quelque temps. J'ai dans le cœur une voix qui me dit que nous serons heureux. Vous avez reçu dernièrement une lettre de votre mère, qui ne vous a, dit-elle, abandonné que pour veiller à vos intérêts, et qui vous annonce des meilleurs ! Peut-être votre sort changera-t-il.

SCÈNE III

MADAME MERCADET, JULIE, MINARD.

MADAME MERCADET – Eh bien ! Julie, votre se fâcherait s'il vous voyait occupée à causer, surtout avec monsieur, au lieu de vous habiller. Vous allez vous laisser surprendre par messieurs de Méricourt et de la Brive.
MINARD – Madame, ma visite n'a rien d'indiscret. Je viens rendre ses lettres à mademoiselle et lui redemander les miennes, selon le désir de monsieur Mercadet.
JULIE – Ma mère, vous savez maintenant que nous nous aimons. Ne pourriez-vous défendre votre fille contre le malheur ?...
MADAME MERCADET – Julie, votre père a besoin, dans sa situation, d'un gendre qui lui soit utile et qui le seconde dans ses opérations : il est perdu sans ce mariage...
JULIE – Et moi, ma vie est manquée.
MINARD – Monsieur Duval, l'ancien caissier de messieurs Mercadet et Godeau [18]...
MADAME MERCADET – Il est aussi le créancier de monsieur Mercadet.
MINARD – Oui, madame, mais je viens de lui confier la situation de monsieur Mercadet. (Mouvement de madame Mercadet.) Oh ! il la connaissait, madame, et il ne la trouve pas désespérée ; il se chargerait de sa liquidation.
MADAME MERCADET – Mon mari liquider ! vous ne le connaissez pas ! Semblable au joueur à la table fatale, il espère toujours dans un coup heureux, et je ne sais jusqu'où il irait pour conserver le droit de faire fortune ; d'ailleurs, vous le voyez pour le mariage de sa fille !... Lui, liquider !... renoncer aux affaires : mais c'est sa vie !... Monsieur, je vous dis ce secret pour vous expliquer combien il y a peu de chances de le faire revenir sur sa détermination. Comme femme et comme mère, je voudrais vous voir heureux ; mais

---

18. Godeau est l'ancien associé de Mercadet parti aux Indes. Mercadet l'invoque tour à tour comme la raison de tous ses malheurs, et comme celui qui reviendra bientôt très riche payer tous ses créanciers.

puis-je blâmer monsieur Mercadet de ce qu'il marie richement sa fille quand je me vois si près de la misère ?... Monsieur de la Brive a un nom, une famille...
JULIE, *à sa mère* – Cessez, ma mère !... pensez à la situation d'Adolphe !...

SCÈNE IV

LES MÊMES, JUSTIN.

JUSTIN – Messieurs de la Brive et de Méricourt.
JULIE, *à Minard* – Monsieur, venez, je vais vous rendre vos lettres.
MADAME MERCADET, *à Justin* – Faites-les attendre ici, je vais leur envoyer monsieur. Allons nous habiller, ma fille. (Tous sortent, moins Justin.)

SCÈNE V

JUSTIN, DE MÉRICOURT, DE LA BRIVE.

JUSTIN – Ces dames sont encore à leur toilette et prient ces messieurs d'attendre un moment. Monsieur va venir. (Il sort.)
MÉRICOURT – Enfin, mon cher, te voilà dans la place et tu vas être bientôt officiellement le prétendu de mademoiselle Mercadet. Conduis bien la barque, le père est un finaud.
DE LA BRIVE – Et c'est ce qui m'effraye ! il sera difficile.
MÉRICOURT – Je ne crois pas, Mercadet est un spéculateur. Riche aujourd'hui, demain il peut se trouver pauvre. D'après le peu que sa femme m'a dit de ses affaires, je crois qu'il est enchanté de mettre une portion de sa fortune sous le nom de sa fille, et d'avoir un gendre capable de l'aider dans ses conceptions.
DE LA BRIVE – C'est une idée ! elle me va ; mais s'il voulait prendre trop de renseignements ?
MÉRICOURT – J'en ai donné d'excellents à madame Mercadet... Une femme de quarante ans, mon cher, croit tout ce que lui dit celui qui la comble de soins...
DE LA BRIVE – Ceci est tellement heureux que...
MÉRICOURT – Vas-tu perdre ton aplomb de dandy ? Je comprends bien tout ce que la situation a de périlleux. Il faut être arrivé au dernier degré du

désespoir pour se marier. Le mariage est le suicide des dandys après en avoir été la plus belle gloire. (Il baisse la voix.) Voyons, peux-tu tenir encore ?

DE LA BRIVE – Si je ne m'appelais pas de mon nom primitif, Michonnin pour les huissiers, et de la Brive pour le monde élégant, je serais déjà banni du boulevard. Les femmes et moi, nous nous sommes ruinés réciproquement ; et, par les mœurs qui courent, rencontrer une Anglaise, une aimable douairière, un potose amoureux, c'est, comme les carlins, une espèce perdue !

MÉRICOURT – Le jeu ?

DE LA BRIVE – Oh ! le jeu n'est une ressource certaine que pour certains chevaliers, et je ne suis pas assez fou pour risquer le déshonneur contre quelques gains, qui toujours ont leur terme. La publicité, mon cher, a perdu toutes les mauvaises carrières où jadis on faisait fortune. Donc, sur cent mille francs d'acceptations, l'usure ne me donnerait pas dix mille francs argent. Pierquin m'a renvoyé à un sous-Pierquin, un petit père Violette, qui a dit à mon courtier que ce serait acheter des timbres trop cher... Mon tailleur se refuse à comprendre mon avenir... mon cheval vit à crédit. Quant à ce petit malheureux si bien vêtu, mon tigre, je ne sais pas comment il respire ni où il se nourrit. Je n'ose pénétrer ce mystère. Or, comme nous ne sommes pas encore assez avancés en civilisation pour qu'on fasse une loi comme celle des Juifs, qui supprimait toutes les dettes à chaque demi-siècle, il faut payer de sa personne. On dira de moi des horreurs... Un jeune homme très-compté parmi les élégants, assez heureux au jeu, de figure passable, qui n'a pas vingt-huit ans, se marier avec la fille d'un riche spéculateur... laide, dis-tu ?...

MÉRICOURT – Comme ça !...

DE LA BRIVE – C'est un peu leste ! mais je me lasse de la vie fainéante... Je le vois ! le plus court chemin pour amasser du bien, c'est encore de travailler !... Mais... notre malheur, à nous autres, est de nous sentir aptes à tout et de n'être en définitive bons à rien ! Un homme comme moi, capable d'inspirer des passions et de les justifier, ne peut pas être commis ni soldat. La société n'a pas créé d'emploi pour nous. Eh bien ! je ferai des affaires avec Mercadet. C'est un des plus grands faiseurs. À nous deux, nous remuerons le monde commercial. Tu es bien sûr qu'il ne peut pas donner moins de cent cinquante mille francs à sa fille ?

MÉRICOURT – Mon cher, d'après la tenue de madame Mercadet... enfin... tu la vois à toutes les premières représentations, aux Bouffes, à l'Opéra, elle est d'une élégance !...

DE LA BRIVE – Mais je suis assez élégant, et je n'ai...

MÉRICOURT – C'est vrai, mais vois... tout annonce ici l'opulence. Oh ! ils sont très-bien !
DE LA BRIVE – C'est la splendeur bourgeoise... du cossu, ça promet...
MÉRICOURT – Puis la mère a des principes solides ! à quarante ans, elle a des scrupules ! Depuis dix-huit mois je n'ai rien vu dans sa conduite qui ne soit très... convenable. As-tu le temps de conclure ?
DE LA BRIVE – Je me suis mis en mesure. J'ai gagné hier au club de quoi faire les choses très-bien pour la corbeille : je donnerai quelque chose, et je devrai le reste...
MÉRICOURT – Sans me compter, à quoi montent tes dettes ?
DE LA BRIVE – Une bagatelle ! Cent cinquante mille francs que mon beau-père fera réduire à cinquante mille ! Il me restera donc cent mille francs et c'est de quoi lancer une première affaire. Je l'ai toujours dit : je ne deviendrai riche que lorsque je n'aurai plus le sou.
MÉRICOURT – Mercadet est un homme fin, il te questionnera sur ta fortune, es-tu bien préparé ?
DE LA BRIVE – N'ai-je pas la terre de la Brive ? trois mille arpents de terre dans les Landes, qui vaut trente mille francs, hypothéquée de quarante-cinq mille, et qui peut se mettre en action pour en extraire n'importe quoi, au chiffre de cent mille écus ?... Tu ne te figures pas ce qu'elle m'a rapporté, cette terre !
MÉRICOURT – Ton nom, ta terre et ton cheval sont à deux fins.
DE LA BRIVE – Pas si haut !
MÉRICOURT – Ainsi, tu es bien décidé ?...
DE LA BRIVE – D'autant plus que je veux être un homme politique...
MÉRICOURT – Au fait, tu es bien assez habile pour cela.
DE LA BRIVE – Je serai d'abord journaliste.
MÉRICOURT – Toi qui n'a pas écrit deux lignes.
DE LA BRIVE – Il y a les journalistes qui écrivent et ceux qui n'écrivent point. Les uns, les rédacteurs, sont les chevaux qui traînent la voiture ; les autres, les propriétaires, sont les entrepreneurs ; ils donnent aux uns de l'avoine, et gardent les capitaux. Je serai propriétaire. On se pose dans sa cravate ! On dit : — « La question d'Orient... question très-grave, qui nous mènera loin et dont on ne se doute pas ! » On résume une discussion en s'écriant : — « L'Angleterre, monsieur, nous jouera toujours ! » Ou bien on répond à un monsieur qui a parlé longtemps et qu'on n'a pas écouté : — « Nous marchons à un abîme. Nous n'avons pas encore accompli toutes les évolutions

de la phase révolutionnaire ! » À un ministériel : — « Monsieur, je pense que sur cette question il y a quelque chose à faire ». On parle fort peu, on court, on se rend utile, on fait les démarches qu'un homme au pouvoir ne peut pas faire lui-même... On est censé donner le sens des articles... remarqués !... Et puis, s'il le faut absolument... eh bien ! l'on trouve à publier un volume jaune sur une utopie quelconque, si bien écrit, si fort, que personne ne l'ouvre, et que tout le monde dit l'avoir lu ! On devient alors un homme sérieux, et l'on finit par se trouver quelqu'un au lieu d'être quelque chose !

MÉRICOURT – Hélas ! ton programme a souvent en raison de notre temps.

DE LA BRIVE – Mais nous en voyons d'éclatantes preuves ! Pour vous appeler au partage du pouvoir, on ne vous demande pas aujourd'hui ce que vous pouvez faire de bien, mais ce que vous pouvez faire de mal ! Il ne s'agit pas d'avoir des talents, mais d'inspirer la peur ! On est très-craintif en politique, à cause des tas de linge sale qu'on a dans des petits coins, et qu'on ne peut pas blanchir... Je connais parfaitement notre époque. En dînant, en jouant, en faisant des dettes, je faisais mon cours de droit politique ; j'étudiais les petits coins : aussi, le lendemain de mon mariage, aurai-je un air grave, profond, et des principes ! Je puis choisir. Nous avons en France une carte de principes aussi variée que celle d'un restaurateur. Je serai socialiste. Le mot me plaît. À toutes les époques, mon cher, il y a des adjectifs qui sont le passe-partout des ambitions ! Avant 1789, on se disait économiste ; en 1805, on était libéral. Le parti de demain s'appelle social, peut-être parce qu'il est insocial : car en France, il faut toujours prendre l'envers du mot pour en trouver la vraie signification !...

MÉRICOURT – Tu plaçais tes dissipations à gros intérêts.

DE LA BRIVE – Tu as dit le mot.

MÉRICOURT – Mais, entre nous, tu n'as que le jargon du bal masqué, qui passe pour de l'esprit auprès de ceux qui ne parlent pas. Comment feras-tu, car il faut un peu de savoir ?...

DE LA BRIVE – Mon ami, dans toutes parties, en commerce, en sciences, dans les arts, dans les lettres, il faut une mise de fonds, des connaissances spéciales, et prouver sa capacité. Mais en politique, mon cher, l'on a tout et l'on est tout avec un seul mot...

MÉRICOURT – Lequel ?

DE LA BRIVE – Celui-ci : « Les principes de mes amis... L'opinion à laquelle j'appartiens. » — Cherchez !...

SCÈNE VI

LES MÊMES, MINARD, ils se saluent.

MINARD – Monsieur est sans doute monsieur de la Brive ?
DE LA BRIVE – Oui, monsieur.
MÉRICOURT – C'est le petit jeune homme dont nous a parlé la femme de chambre, et qui fait la cour à l'héritière.
DE LA BRIVE – À l'héritage...
MÉRICOURT – Et qu'on a refusé pour toi... (De la Brive lorgne Minard.)
MINARD – Vous êtes heureux, monsieur ; vous avez les privilèges de la richesse : une jeune personne vous plaît, vous l'épousez...
DE LA BRIVE – Permettez-moi de croire, monsieur, que, sans aucune fortune, j'aurais encore des chances personnelles...
MINARD – Ah ! si j'avais votre fortune !...
MÉRICOURT, *à de la Brive* – Pauvre garçon ! il n'aurait pas grand'chose.
MINARD – Je ne céderais certes à personne ce trésor de grâce et de perfection ; vous avez pour vous l'autorité d'un père.
DE LA BRIVE – Et vous, monsieur !...
MINARD – Ah ! monsieur, malheureusement je n'ai rien que mon amour pour mademoiselle Julie.

SCÈNE VII

LES MÊMES, MERCADET, il écoute un moment.

DE LA BRIVE – Monsieur, je ne vois pas en quoi je puis alors vous être utile ou agréable.
MINARD – Monsieur, puisque le hasard fait que nous nous rencontrons, je me sens la force de vous dire : Rendez-la riche et heureuse.
MERCADET, *à part* – Riche ? Que dit-il ? Il peut tout compromettre [19] ! (Il se montre.)
DE LA BRIVE, *à Méricourt* – Il est amusant, ce petit jeune homme ; il faut l'encourager, car si ma femme est trop laide !...

---

19. Mercadet a demandé à Minard de jouer l'amoureux malheureux devant monsieur de la Brive, afin d'aider au mariage de Julie qui paraîtra ainsi digne d'amour. Cet accord a été passé lorsque Minard pensait ne plus aimer Julie. Désormais il ne joue plus la comédie.

MERCADET – Bonjour, mon cher Méricourt, avez-vous vu ma femme ? (À la Brive.) Ces dames vous font attendre ? Ah !... les toilettes !... (Il regarde Minard.) Monsieur Minard, je vous croyais homme de bon goût, et nous nous sommes assez nettement expliqués.
MINARD – Pardon ! monsieur.
MERCADET – La passion explique bien des choses, mais il est certaines délicatesses qui ne doivent jamais être foulées aux pieds...
MINARD – Je vous comprends, monsieur.
MÉRICOURT, *à Mercadet* – Oh ! il n'est pas dangereux !
MERCADET, *bas à Minard* – Vous n'êtes pas assez chagrin. (Haut.) Adieu, mon cher ? (Bas.) Allons donc ! un soupir.
MINARD, *aux jeunes gens* – Adieu, messieurs ! (À Mercadet.) Soyez indulgent, monsieur, pour un homme qui perd son bonheur !... (Mercadet le conduit.)

SCÈNE VIII

Les Mêmes, moins MINARD

MERCADET – Pauvre jeune homme ! j'ai peut-être été sévère, et je le plains, il adore ma fille ! Que voulez-vous ? Il n'a que dix mille livrés de rentes et une place...
DE LA BRIVE – On ne va pas loin avec cela !
MERCADET – On végète ! Ah ! il avait bien deviné tout ce que vaut Julie ; et, comme il a de l'entregent, il avait mis ma femme de son parti ; mais il a le défaut d'être orphelin du vivant de son père et de sa mère, dont il se soucie plus qu'ils ne se soucient de lui. Dans cette situation-là, je ne comprends pas qu'on s'attaque à la fille d'un homme qui connaît les affaires.
DE LA BRIVE – Vous n'êtes pas homme à donner une fille riche et spirituelle au premier venu.
MERCADET – Non, certes. Mais, monsieur, avant que ces dames ne viennent, nous pouvons traiter les affaires sérieuses.
DE LA BRIVE, *à Méricourt* – Voilà la crise !
MERCADET – Aimez-vous bien ma fille ?
DE LA BRIVE – Passionnément.
MERCADET, *à part* – Ceci va mal. (Haut.) Passionnément !... C'est trop pour être heureux en ménage.

MÉRICOURT, *à la Brive* – Tu vas trop loin. (À Mercadet.) Mon ami adore la musique, et la voix de mademoiselle Julie l'a transporté.
MERCADET – Monsieur a entendu ma fille ? Mais où ?...
DE LA BRIVE – Chez un banquier, ancien quelque chose...
MERCADET – Ah ! Verdelin !...
DE LA BRIVE – Verdelin.
MÉRICOURT – Oui, Verdelin.
DE LA BRIVE – Elle a tant d'âme, mademoiselle Julie !...
MERCADET – Oh ! il n'y a que l'âme et l'idéal. Je suis de mon époque. Je conçois cela, moi ! L'idéal, fleur de la vie ! Monsieur, c'est un effet de la loi des contrastes. Comme jamais il n'y a eu plus de positif dans les affaires, on a senti le besoin de l'idéal dans les sentiments. Ainsi, moi, je vais à la Bourse et ma fille se jette dans les nuages. Elle est d'une poésie !... oh ! elle est toute âme ! Vous êtes, je le vois, de l'école des lacs...
DE LA BRIVE – Non, monsieur.
MERCADET – Comment alors aimez-vous Julie, si vous ne cultivez pas l'idéal ?
MÉRICOURT, *à la Brive* – Trouve-lui des raisons.
DE LA BRIVE, *à Méricourt* – Attends ! (À Mercadet.) Monsieur, je suis ambitieux...
MERCADET – Ah ! c'est mieux.
DE LA BRIVE – Et j'ai vu en mademoiselle Julie une personne très distinguée, pleine d'esprit, douée de charmantes manières, qui ne sera jamais déplacée en quelque lieu que me porte ma fortune ; et c'est une des conditions essentielles à un homme politique.
MERCADET – Je vous comprends ! On trouve toujours une femme, mais il est très-rare qu'un homme qui veut être ministre bu ambassadeur rencontre (disons le mot, nous sommes entre hommes ?) sa femelle !... Vous êtes un homme d'esprit, monsieur...
DE LA BRIVE – Monsieur, je suis socialiste.
MERCADET – Quelque nouvelle entreprise ?... Mais parlons d'intérêts, maintenant...
MÉRICOURT – Il me semble que cela regarde les notaires.
DE LA BRIVE – Monsieur a raison, cela nous regarde bien davantage !
MERCADET – Monsieur a raison.

DE LA BRIVE – Monsieur, je possède pour toute fortune la terre de la Brive : elle est dans ma famille depuis cent cinquante ans, et n'en sortira jamais, je l'espère.
MERCADET – Aujourd'hui peut-être vaut-il mieux avoir des capitaux. Les capitaux sont sous la main. S'il éclate une révolution, et nous en avons vu bien des révolutions, les capitaux nous suivent partout ; la terre, au contraire, la terre paye alors pour tout le monde, elle reste là comme une sotte à recevoir les impôts, tandis que le capital s'esquive. Mais ce ne sera pas un obstacle. Quelle est son importance ?
DE LA BRIVE – Trois mille arpents, sans enclaves.
MERCADET – Sans enclaves ?...
MÉRICOURT – Que vous ai-je dit ?
MERCADET – Monsieur !...
DE LA BRIVE – Un château...
MERCADET – Monsieur !...
DE LA BRIVE – Des marais salants qu'on pourrait exploiter dès que l'administration voudra le permettre, et qui alors donneraient des produits énormes !...
MERCADET – Monsieur !... pourquoi nous sommes-nous connus si tard !... de terre est donc au bord de la mer ?...
DE LA BRIVE – À une demi-lieue.
MERCADET – Elle est située ?...
MÉRICOURT – Près de Bordeaux...
MERCADET – Vous avez des vignes ?...
DE LA BRIVE – Non, monsieur, non heureusement, car on est très-embarrassé de placer ses vins : et puis la vigne veut tant de frais !... Non, ma terre exige peu de frais... Elle fut plantée en pins par mon grand-père, homme de génie qui eut l'esprit de se sacrifier à la fortune de ses enfants... Ah ! j'ai le mobilier que vous me connaissez...
MERCADET – Monsieur, un moment ! Un homme d'affaires met les points sur les *i*.
DE LA BRIVE, *à Méricourt* – Aïe ! aïe !
MERCADET – Vos terres, vos marais, car je vois tout le parti qu'on peut tirer de ces marais ! On peut former une société en commandite pour l'exploitation des marais salants de la Brive ! Il y a là plus d'un million, monsieur.
DE LA BRIVE – Je le sais bien, monsieur, il ne s'agit que de se le faire offrir.

MERCADET, *à part* – Voilà un mot qui révèle une certaine intelligence. (Haut.) Mais avez-vous des dettes ? Est-ce hypothéqué ? car on peut posséder visiblement une terre dont la propriété se trouve appartenir secrètement à nos créanciers.

MÉRICOURT – Vous n'estimeriez pas mon ami, s'il n'avait pas de dettes...

DE LA BRIVE – Je serai franc, monsieur. Il y a pour quarante-cinq mille francs d'hypothèques sur la terre de la Brive...

MERCADET, *à part* – Innocent jeune homme ! (Haut.) Vous pouviez... (Il lui prend les mains.) Vous avez mon agrément, vous serez mon gendre, vous êtes l'époux de mon choix ! Vous ne connaissez pas votre fortune !

DE LA BRIVE, *à Méricourt* – Mais cela va trop bien !

MÉRICOURT, *à la Brive* – Il a vu une spéculation qui l'éblouit.

MERCADET, *à part* – Avec des protections, et on les achète, nous pourrons faire des salines. Je suis sauvé ! (Haut.) Permettez-moi de vous serrer la main à l'anglaise. (Il lui donne une poignée de mains.) Vous réalisez tout ce que j'attendais de mon gendre. Je le vois, vous n'avez pas l'esprit étroit des propriétaires de la province, nous nous entendrons.

DE LA BRIVE – Monsieur, vous ne trouverez pas mauvais que, de mon côté, je vous demande...

MERCADET – Quelle sera la fortune de ma fille ? Oh ! elle se marie avec ses droits ; sa mère lui fera l'abandon de ses biens (en nue-propriété), une petite ferme qui n'a que deux cents arpents, mais elle est en pleine Brie, bien bâtie. Moi, je lui donne deux cent mille francs, dont je lui servirai la rente jusqu'à ce que vous ayez trouvé une placement sûr : car, jeune homme, il ne faut pas vous abuser nous allons brasser des affaires ; moi, je vous aime, vous me plaisez. Vous avez de l'ambition ?...

DE LA BRIVE – Oui, monsieur.

MERCADET – Vous aimez le luxe, la dépense, vous voulez briller à Paris ?...

DE LA BRIVE – Oui, monsieur.

MERCADET – Y jouer un rôle ?

DE LA BRIVE – Oui, monsieur.

MERCADET – Oh ! j'ai deviné cela en vous voyant passer : je connais les hommes. Vous avez la tenue de ceux qui se savent un avenir.

MÉRICOURT, *à part* – Et qui l'escompteront toujours.

MERCADET – Eh bien ! déjà vieux, obligé de reporter mon ambition sur un autre moi-même, je vous laisserai le rôle brillant.

DE LA BRIVE – Monsieur, j'aurais eu à choisir entre tous les beaux-pères de Paris, c'est à vous à qui j'aurais donné la préférence ; vous êtes selon mon cœur.
MERCADET – La jeunesse est faite pour le plaisir. Vous et ma fille, brillez ! ayez un hôtel, des voitures, donnez des fêtes ! Julie est une fille d'esprit, elle jouera ce rôle à merveille. Voyez-vous, n'imitons pas ces gens qui s'élèvent pour quelques jours et qui retombent aussitôt, espèces de fusées parisiennes... Que la fortune de votre femme soit inattaquable !...
MÉRICOURT – Inattaquée.
DE LA BRIVE – Si l'on ne réussit pas ?
MERCADET – Ou si l'on réussit trop...
DE LA BRIVE – On a toujours du pain...
MERCADET – Aujourd'hui, avoir du pain, c'est avoir trois chevaux dans son écurie, une maison montée ; c'est pouvoir donner à dîner à ses amis, avoir une loge aux Bouffes.
DE LA BRIVE – Ah ! monsieur, permettez que je vous serre la main à l'anglaise... (Autre poignée de mains.) Vous comprenez la vie...
MERCADET, *à part* – Mais ça va trop bien...
DE LA BRIVE, *à part* – Il donne dans mon étang la tête la première.
MERCADET, *à part* – Il accepte une rente.
MÉRICOURT, *à de la Brive* – Es-tu content ?
DE LA BRIVE – Non. Je ne vois pas l'argent de mes dettes.
MÉRICOURT – Attends ! (À Mercadet.) Mon ami n'ose vous le dire, mais il est trop honnête homme pour vous le cacher, il a quelques petites dettes.
MERCADET – Eh ! parlez, monsieur, je comprends parfaitement ces choses-là... Voyons, des misères !... une cinquantaine de mille francs ?
MÉRICOURT – À peu près...
DE LA BRIVE – À peu près.
MERCADET – Ce sera comme un petit vaudeville à jouer entre votre femme et vous ; oui, laissez-lui le plaisir de... D'ailleurs, nous les payerons... (À part.) En actions des salines de la Brive. (Haut) C'est une misère ! (À part.) Nous évaluerons l'étang cent mille francs de plus... Je suis sauvé !...
DE LA BRIVE, *à Méricourt* – Je suis sauvé !...

SCÈNE IX

LES MÊMES, MADAME MERCADET, JULIE.

MERCADET – Voici ma femme et ma fille.
MÉRICOURT – Madame, permettez-moi de vous présenter monsieur de la Brive, un jeune homme de mes amis, qui a pour mademoiselle votre fille une admiration...
DE LA BRIVE – Passionnée...
MERCADET, *à de la Brive* – Vous aimez les Espagnoles, je le vois. Hein ! quel teint ! une véritable Andalouse, qui saura résister aux tempêtes de la vie !... Il n'y a que les brunes...
DE LA BRIVE – J'aurais craint une blonde !...
MERCADET – Ma fille est tout à fait la femme qui convient à un homme politique...
DE LA BRIVE, *il lorgne Julie* – (À Mercadet.) Parfaitement bien mise. (À madame Mercadet.) Telle mère ! telle fille ! Madame, je mets mes espérances sous votre protection.
MADAME MERCADET – Présenté par monsieur Méricourt, monsieur ne peut être que le bienvenu.
JULIE, *à sa mère* – Quel fat !...
MERCADET, *à sa fille* – Puissamment riche ! Nous serons tous millionnaires ! Et un garçon excessivement spirituel. Allons ! soyez aimable, il le faut.
JULIE – Que voulez-vous que je dise à un dandy que je vois pour la première fois et que vous me donnez pour mari ?
DE LA BRIVE – Mademoiselle veut-elle me permettre d'espérer qu'elle ne sera pas contraire à mes vœux ?
JULIE – Mon devoir est d'obéir à mon père.
DE LA BRIVE, *à part* – Fière comme une laide ; il faut faire plus de frais pour ces femmes-là que pour des duchesses.
JULIE, *à part* – Il est bien fait, il est riche, pourquoi me rechercherait-il ? il y a là-dessous quelque mystère.
DE LA BRIVE, *à part* – Allons ! (Haut, à Julie.) Mademoiselle, les jeunes personnes ne sont pas toujours dans les secrets des sentiments qu'elles inspirent ! voici deux mois que j'aspire au bonheur de vous offrir mes hommages.
JULIE – Qui plus que moi, monsieur, peut se trouver flattée d'exciter l'attention ?

MADAME MERCADET, *à sa fille* – Il est fort bien.
JULIE – Ma mère, laissez-moi savoir si je puis être heureuse en épousant ce monsieur.
MERCADET, *à de Méricourt* – Vous pouvez compter sur ma reconnaissance, monsieur. Nous vous devons notre bonheur, car celui de notre fille est le nôtre.
MADAME MERCADET – Monsieur de la Brive nous fera sans doute, ainsi que son ami, le plaisir d'accepter à dîner sans cérémonie...
MERCADET – La fortune du pot (À de la Brive.) Vous serez indulgent !..
MADAME MERCADET – Monsieur de Méricourt, voulez-vous venir voir le tableau que nous devons mettre en loterie ? (À Julie.) Nous allons te laisser causer un peu avec lui.
JULIE – Merci ! ma mère.
MADAME MERCADET – Monsieur Mercadet ?...
MERCADET, *à de la Brive* – Elle est romanesque comme toutes les jeunes personnes qui ont du cœur et de l'imagination : ainsi, prenez le chemin de la poésie.
DE LA BRIVE, *à Mercadet.* – Le romanesque est la grammaire des sentiments modernes, je pourrais l'écrire. En deux mots, c'est l'art de cacher l'action sous la phrase...
MERCADET, *en s'en allant* – Il est très-fort, ce jeune homme !

SCÈNE X

DE LA BRIVE, JULIE.

JULIE – Monsieur, ne trouvez pas étrange qu'une pauvre fille comme moi vous demande des preuves d'affection : mais ma défiance m'est commandée par la connaissance que j'ai de moi-même, de mon peu d'attraits...
DE LA BRIVE – Cette modestie est déjà un attrait, mademoiselle !...
JULIE – Si j'avais cette beauté merveilleuse qui fait éclore de soudaines passions, je trouverais des motifs à votre recherche : mais, pour m'aimer, il faut connaître mon cœur, et nous nous voyons pour la première fois...
DE LA BRIVE – Mademoiselle, il est des sympathies inexplicables...
JULIE – Ainsi, vous m'aimez sans savoir pourquoi ?...

DE LA BRIVE – Le jour qu'on se l'explique, l'amour existe-t-il ? Ce n'est le plus beau des sentiments que parce qu'il est involontaire. Ainsi la première fois que je vous ai vue...
JULIE – Ah ! ce n'est pas la première !...
DE LA BRIVE – Comment ! mademoiselle, mais il y a deux mois que je vous aime. Je vous ai entendue au dernier concert de monsieur Verdelin, et votre voix m'a révélé... toute une âme...
JULIE – Qu'ai-je donc chanté ? Vous en souvenez-vous ?...
DE LA BRIVE, *à part* – Ah diantre ! (Haut.) Je ne me souviens que de l'impression, qui fut délicieuse...
JULIE – Monsieur, vous m'aimez donc, là, vraiment ?...
DE LA BRIVE – Mademoiselle, j'ai su que vous étiez une personne pleine de courage, douée d'une élévation rare dans les sentiments et dans les idées, instruite surtout ; que vous sauriez créer un salon à Paris, être la compagne d'un homme politique, et, permettez-moi de vous le dire, toutes les femmes ne savent pas porter une haute fortune. Bien des parvenus ont été fort embarrassés de filles qu'ils avaient fait la faute d'épouser à l'aurore de leurs destinées ; et sur l'océan politique, quand une femme n'est pas un puissant remorqueur, elle est un embargo ! Je doutais de pouvoir rencontrer une femme qui pût comprendre et servir mon avenir, je vous ai vue et je me suis dit : Je puis être ambassadeur. Celle que j'aime sera la rivale des diplomates en corset que la Russie nous envoie !...
JULIE, *à part* – Ils ont tous de l'ambition aujourd'hui !... (Haut.) Ainsi, vous êtes ambitieux et amoureux ! Votre sympathie est doublée d'un raisonnement...
DE LA BRIVE, *à part* – Elle n'est pas sotte ! (Haut.) Mademoiselle, il y a tant de choses dans l'amour !...
JULIE – Il y a tant de choses dans le vôtre, qu'il comprend sans doute le dévouement...
DE LA BRIVE – Avant tout !...
JULIE – Ainsi, ma famille ?...
DE LA BRIVE – Devient la mienne.
JULIE – Rien ne vous arrêterait donc ?
DE LA BRIVE – Rien.
JULIE – J'aime un jeune homme, monsieur.
DE LA BRIVE – Je l'ai vu... et c'est ce qui m'avait donné, je vous l'avoue, des inquiétudes sur votre jugement : car ce petit jeune homme n'est pas votre

fait du tout...
JULIE – Vous vous trompez, monsieur, je ne puis renoncer à lui qu'en faveur d'un grand dévouement. Eh bien ! si vous sauvez mon père de la ruine, je vous aimerai... j'oublierai cet amour que je croyais éternel, et je serai l'épouse la plus fidèle, la plus aimante, et je... (À part.) Ah ! j'étouffe...
DE LA BRIVE, *à part* – Elle m'a fait peur... mais elle me mène d'épreuves en épreuves, comme chez les francs-maçons... (Haut.) J'espère mériter par mon amour tout ce que les femmes doivent ordinairement sans condition à leurs maris. Mais cessez de mettre ainsi à l'épreuve une passion sincère. Mademoiselle, monsieur votre père et moi, nous nous sommes entendus sur toutes les questions d'intérêt...
JULIE – Il vous a tout dit ?...
DE LA BRIVE – Tout !...
JULIE – Vous le savez ruiné ?...
DE LA BRIVE – Ruiné !...
JULIE, *à part* – Ah ! je suis sauvée ! (Haut.) Il doit environ trois cent mille francs.
DE LA BRIVE – Il... doit... trois...
JULIE – Où serait votre dévouement ?
DE LA BRIVE, *à part* – Le dévouement ! c'est de l'épouser... Si elle croit que l'on peut se donner gratis un pareil vis-à-vis pour le reste de ses jours !...
JULIE – N'en suis-je pas le prix ?
DE LA BRIVE – Méricourt est incapable de m'avoir...
JULIE – Ah ! vous ne m'aimez pas !...
DE LA BRIVE, *à part* – Oh ! j'ai donné dans cette invention de roman ! (Haut.) Quand même votre père devrait des millions, je vous épouserais toujours, car je vous aime. Ah ! vous jouez très-bien la comédie, et je ne m'en dédis pas : vous serez une délicieuse ambassadrice...

SCÈNE XI

Les Mêmes, JUSTIN, PIERQUIN

JUSTIN, *à Julie* – Mademoiselle, monsieur Perquin veut parler à monsieur votre père (Bas.) à propos de monsieur de la Brive, je crois.
JULIE – Mon père est par là. (Elle montre les appartements.)

PIERQUIN – Mademoiselle, je suis votre serviteur.
DE LA BRIVE – Pierquin ici ! (Il se retourne et va lorgner des tableaux.)
PIERQUIN, *à part* – Oh ! mais c'est mon Michonnin !... tout est perdu ! Et moi qui, sachant qu'on le marie avec une héritière, venais pour ravoir ses lettres de change... Ce diable de Mercadet a du bonheur, il a su l'attirer chez lui !...
JULIE, *à Pierquin* – Vous connaissez monsieur ?
PIERQUIN – Petite rusée ! je vois que vous êtes du complot, et vous le gardez. (À part.) Oh ! je devrais avoir une jolie nièce !
JULIE – Qui est-ce ?
PIERQUIN – Michonnin ! un débiteur introuvable. Ne le lâchez pas, je vais-aller chercher un garde de commerce !
JULIE – Pour monsieur de la Brive ?
PIERQUIN – Michonnin, pour nous !
JULIE – Ce monsieur n'est pas riche ?
PIERQUIN – Un gibier de Clichy, qui a ses meubles sous le nom d'un ami...
JULIE – Ah ! (Elle rit.)
PIERQUIN, *à part* – Ah ! Marcadet m'a volé. (À Julie.) Amusez-le, et votre père pourra me payer quarante-sept mille, francs ; car, une fois coffré, ce gaillard-là se fera délivrer par quelque belle dame. (Justin revient.)
JULIE, *à part* – Marié et coffré, c'est trop d'un !
JUSTIN, *à Pierquin* – Monsieur est occupé, vous le savez, du mariage de mademoiselle, et vous prie de l'excuser...
PIERQUIN – Et avec qui ?
JUSTIN – Mais avec ce monsieur-là. (Il montre de la Brive.)
PIERQUIN – Oh ! (À part.) C'est marier deux faillites ensemble. Va-t-on rire à la Bourse !... J'y cours. (Il sort.)

SCÈNE XII

JULIE, DE LA BRIVE

JULIE – Monsieur, vous nommez-vous Michonnin ?...
DE LA BRIVE – Oui, mademoiselle, c'est le nom de notre famille, mais nous avons fait comme tant d'autres, et, depuis dix ans, nous nous nommons de la Brive, en mettant un M devant, c'est plus joli. La Brive est une charmante petite terre achetée par mon grand-père...

JULIE – Cet homme dit-il vrai en disant que vous avez des dettes ?
DE LA BRIVE – Oh ! très-peu, des misères ; je les ai déclarées à votre père...
JULIE – Ainsi, monsieur, vous m'épouserez par amour ? (À part.) Rions un peu. (Haut.) Et pour ma dot ?
DE LA BRIVE – Mademoiselle, vous trouverez en moi le mari le plus aimant, le plus aimable. Socialiste, occupé des intérêts les plus graves de la politique, et tout à mon ambition, je vous laisserai maîtresse de... de votre fortune...
JULIE – Eh ! monsieur, je suis sans fortune... (Mercadet paraît.)

SCÈNE XIII

Les Mêmes, MERCADET.

MERCADET – Ma fille, voilà donc l'effet de votre passion pour ce jeune Minard ! elle vous pousse à calomnier votre père, à...
JULIE – À éclairer monsieur Michonnin, qui, se trouvant perdu de dettes, ne doit pas, ne peut pas épouser une fille sans fortune...
MERCADET – Monsieur se nomme Michonnin ?
JULIE – Michonnin de la Brive...
MERCADET – Laisse-nous, ma fille...
JULIE, *bas, à son père* – Pierquin est sorti pour faire arrêter monsieur ; j'espère que vous ne le souffrirez pas. Quel rôle aurais-je joué ?...
MERCADET, *tire sa montre* – Le soleil est couché ! Pierquin a vu monsieur ?
JULIE – Oui.
MERCADET – Le diable entre dans mon jeu. (Julie sort.)

SCÈNE XIV

DE LA BRIVE, MERCADET.

DE LA BRIVE, *à part* – La noce est faite. Je suis plus que socialiste, je deviens communiste !
MERCADET, *à part* – Trompé comme à la Bourse ! par Méricourt, l'ami de ma femme ! C'est à ne plus se fier à Dieu !...
DE LA BRIVE, *à part* – Soyons digne de nous-même !...

MERCADET, *à part* – Il y a de la légèreté dans son fait. Prenons-le de haut. (Haut.) Monsieur Michonnin, votre conduite est plus que blâmable !...
DE LA BRIVE – En quoi, monsieur ? Ne vous ai-je pas dit que j'avais des dettes ?
MERCADET – Soit. On peut avoir des dettes : mais où est située votre terre ?...
DE LA BRIVE – Dans les Landes.
MERCADET – Elle consiste ?
DE LA BRIVE – En sables plantés de sapins...
MERCADET – De quoi faire des cure-dents ?
DE LA BRIVE – À peu près.
MERCADET – Cela vaut ?
DE LA BRIVE – Trente mille francs.
MERCADET – Et c'est hypothéqué de...
DE LA BRIVE – Quarante-cinq mille.
MERCADET – Vous avez eu ce talent-là ?...
DE LA BRIVE – Oui.
MERCADET – Peste ! ce n'est pas maladroit : et vos marais ?...
DE LA BRIVE – Touchent à la mer.
MERCADET – Ainsi, c'est tout bonnement l'Océan ?
DE LA BRIVE – Les gens du pays ont eu la méchanceté de le dire, et mes emprunts se sont arrêtés net.
MERCADET – Il eût été très difficile de mettre la mer en actions.
DE LA BRIVE – Oh ! ce n'est pas la mer à boire !...
MERCADET – Non, mais à faire avaler ? Monsieur, entre nous, votre moralité me semble...
DE LA BRIVE – Assez !
MERCADET – Hasardée !...
DE LA BRIVE – Oh !... monsieur, si ce n'est qu'entre nous...
MERCADET – Vous mettez, d'après une note que j'ai vue sur certains dossiers, tout votre mobilier sous le nom d'un ami, vous signez vos lettres de change Michonnin, et vous ne portez que le nom de la Brive.
DE LA BRIVE – Eh bien ! monsieur, après ?
MERCADET – Après ?... On peut vous faire un fort méchant parti.
DE LA BRIVE – Monsieur, n'allez pas trop loin, je suis votre hôte...
MERCADET – Vous voulez, à l'aide de ces subterfuges, entrer dans une famille respectable, y abuser de la confiance d'un père et d'une mère... Vous

avez feint d'aimer ma fille... (À part.) On peut exploiter ce garçon-là ; il a de la tenue, il est élégant, spirituel... (Haut.) Vous êtes une...

DE LA BRIVE – Ne dites pas le mot, il vous coûterait la vie...

MERCADET – La vie ! Vous êtes mon hôte, monsieur...

DE LA BRIVE – Après tout, monsieur, votre fille avait-elle une dot ?

MERCADET – Monsieur ?...

DE LA BRIVE, *à part* – Je le vaux bien et je suis le plus fort. (Haut.) Oui, monsieur, aviez-vous deux cent mille francs ?...

MERCADET – Les vertus de ma fille...

DE LA BRIVE – Ah ! vous n'aviez pas deux cent mille francs ?... Et moi j'engageais ma précieuse liberté ! Ne suis-je pas un capital ? Vous vouliez escroquer un gendre ?...

MERCADET – Le mot est fort.

DE LA BRIVE – Vous le méritez.

MERCADET, *à part* – Il a de l'aplomb !...

DE LA BRIVE – Et, je le vois, vous abusiez de mon inexpérience. Je pourrais aussi me plaindre.

MERCADET – L'inexpérience d'un homme qui emprunte sur des sables une somme de soixante pour cent au-delà de leur valeur !...

DE LA BRIVE – Avec du sable on fait du cristal.

MERCADET – C'est une idée !

DE LA BRIVE – Vous voyez, monsieur, que nos moralités se ressemblent ! (Mouvement de Mercadet.) Ah ! entre nous...

MERCADET, *à part* – Je vais l'aplatir !... (Haut.) C'est ce qui vous trompe, monsieur : vous êtes mon débiteur, et je vous tiens. Ah ! j'ai sur vous pour quarante-huit mille francs de lettres de change, intérêts et frais, à moi cédés par Pierquin, et je puis vous faire coffrer pendant cinq ans.

DE LA BRIVE – Je serais alors votre hôte.

MERCADET – Ah ! vous le prenez sur ce ton-là ! Mais vous vous moquez donc de votre dette, de votre signature ?

DE LA BRIVE – Et vous ?

MERCADET, *à part* – Voilà mon affaire ! (Haut.) Dans quelle situation êtes-vous, là, vraiment ?

DE LA BRIVE – Désespérée... Méricourt me marie parce que je lui dois trente mille francs au-delà de la valeur de mon mobilier.

MERCADET – Compris. Je ne m'amuserai pas à vous faire de la morale ; vous aimeriez mieux un billet de mille...

DE LA BRIVE – Oh ! soyez mon beau-père !...
MERCADET – Non, nos deux misères feraient une trop grande pauvreté ; mais écoutez-moi...

[...]

Le Faiseur, Acte III. Texte établi à partir du 19e volume des *Œuvres complètes* d'Honoré de Balzac, Houssiaux éditeur, Paris, 1874, p. 488-518.

Proudhon (1809-1865),
La Bourse, temple de la spéculation

Si l'argent est le dieu des temps modernes, comme l'affirme Marx, la Bourse est son temple. L'image est employée par Pierre Joseph Proudhon dans le Manuel du spéculateur à la Bourse *publié en 1853, alors que toute publication à caractère politique lui est interdite. Proudhon s'intéresse toutefois depuis longtemps aux questions économiques : député à l'Assemblée constituante de 1848, il avait proposé un système de crédit presque gratuit fondé sur le travail et la production. Le* Manuel, *comme son nom l'indique, a un objectif didactique en analysant le fonctionnement réel de la Bourse – son explication des marchés à terme reste un modèle de pédagogie économique. Il aura d'ailleurs un succès retentissant. Quelques années plus tard, en 1857, la France connaît sa première crise boursière. De nombreux écrivains et pamphlétaires écriront alors sur le sujet en prenant tous pour modèle le* Manuel *de Proudhon – en particulier Vallès, Dumas fils, Vallée et Mirecourt.*

Au-delà de son contenu pédagogique, l'ouvrage critique violemment les pratiques boursières. Proudhon commence par définir, dans les pages qui précèdent l'extrait présenté ici, la spéculation comme « la faculté essentielle de l'économie ». Non seulement la spéculation n'est pas mauvaise en soi, mais elle est à l'origine de tout progrès économique. Elle est le nom de l'activité que l'intelligence déploie lorsqu'elle est à la recherche de « gisements de richesse ». En encourageant le commerce, l'industrie, le progrès technique, elle profite au capitaliste mais plus encore à l'ensemble de la population : « C'est elle qui invente, qui innove, qui pourvoit, qui résout, qui, semblable à l'Esprit infini, crée de rien *toutes choses ».*

Proudhon dénonce en revanche les maux provoqués par le détournement de cette vocation productive de la spéculation. Celle-ci est viciée dès lors que la richesse qu'elle engendre ne vient plus récompenser le risque pris par l'entrepreneur, mais devient un but en soi, déconnecté de toute production : elle se transforme en « agiotage », terme très prisé au XIX*e* *siècle, qui renvoie aux turpitudes de la Révolution (voir le texte de J. Roux). Elle prend alors la forme du jeu « dans* *l'immense majorité des cas », activité dont l'utilité pour la collectivité est nulle. Lorsque le prix à venir des denrées alimentaires en est l'objet, la spéculation devient non seulement illicite, mais aussi immorale. Le sommet de l'immoralité est atteint lorsque les spéculateurs parient sur des titres d'État, portant préjudice au souverain et ouvrant la porte à toutes les corruptions.*

Proudhon résume magistralement l'un des principaux reproches adressés à la Bourse (aujourd'hui aux marchés financiers) : si elle est théoriquement légitime dans la mesure où elle contribue au financement de l'économie réelle, elle tend à favoriser des profits qui ne sont fondés sur la production d'aucune richesse collective. La critique de la Bourse et des marchés financiers oppose ainsi le temps long de la production et de l'investissement au caractère immédiat de la plus-value financière.

2. DES ABUS DE LA SPÉCULATION

Toute chose a son mauvais côté, toute institution ses abus, tout avantage traîne après soi ses inconvénients.

C'est le Travail qui a fait imaginer l'esclavage ; et tout le monde sait, sans que nous ayons besoin de le redire, quelles misères engendrent de nos jours le service des machines, la division parcellaire, les métiers insalubres, les séances excessives, l'exploitation immorale de l'enfance et du sexe. Après la tyrannie des maîtrises et des jurandes, détruites en 89, les tortures de la concurrence et les ignominies du salariat : tel est l'apanage du travailleur.

Le Crédit semble avoir pour corrélatif obligé l'usure : et ce n'est pas le moindre vice qui déshonore la prestation des capitaux. Le prix excessif des loyers, surtout à Paris, est une plaie sur laquelle il serait presque séditieux, en ce moment, de nous arrêter.

Le Commerce, de son côté, ne se contente pas du prix de ses transports, de ses commissions, de la prime due aux risques qu'il court ou du produit légitime de ses découvertes : il lui faut encore le privilège, le monopole, la subvention, la prime, la contrefaçon, la fraude, l'accaparement...

La Spéculation ne pouvait échapper à la commune loi : et comme les pires abus sont ceux qui s'attachent aux meilleures choses, *corruptio optimi pessima*, c'est sous le nom de Spéculation que le parasitisme, l'intrigue, l'escroquerie, la concussion dévorent la richesse publique et entretiennent la misère chronique du genre humain.

La Spéculation, avons-nous dit, est essentiellement aléatoire. Toute combinaison industrielle, financière ou commerciale, emporte avec elle un certain risque ; par conséquent, à côté de la rémunération d'un service utile, il y a toujours, ou presque toujours, un bénéfice d'agio.

C'est cet agio qui sert de prétexte ou d'occasion à l'abus.

En tant qu'il sert de compensation au risque que toute spéculation productive emporte avec elle, l'agio est légitime. Recherché pour lui-même, indépendamment de la production spéculative, l'agio pour l'agio enfin, il rentre dans la catégorie du pari et du jeu, pour ne pas dire de l'escroquerie et du vol : il est illicite et immoral. La Spéculation ainsi entendue n'est plus que l'art, toujours chanceux cependant, de s'enrichir sans travail, sans capital, sans commerce et sans génie ; le secret de s'approprier la fortune publique ou celle des particuliers sans donner aucun équivalent en échange : c'est le chancre de la production, la peste des sociétés et des États.

Faisons-la connaître par quelques exemples.

Le jeu et le pari sont la forme la plus simple de la Spéculation agioteuse entièrement dépourvue de productivité et d'utilité, mais non encore tout à fait criminelle. Un certain nombre de personnes se réunissent dans un salon, autour d'une table, entassent sur le tapis de l'or et des bank-notes, parient pour la rouge ou la noire, ou mettent leurs enjeux sur un coup de dés, sur un coup de cartes. Le hasard, aveugle ou intelligent, caresse celui-ci, maltraite celui-là. L'un s'en va ruiné, l'autre se retire avec un léger bénéfice, un troisième a fait fortune. Qu'ont-ils produit tous ? Nous supposons que la partie s'est jouée le plus loyalement du monde : qu'ont-ils fait produire à leurs capitaux, à leur intelligence ? Quelle valeur ont-ils conquise ? Absolument aucune. Des millions auront pu être jetés sur le tapis, sans qu'ils aient produit la moindre utilité nouvelle : tout au plus auront-ils changé de propriétaire.

Des amateurs de l'espèce chevaline élèvent, à grands frais, des étalons et des juments pour les courses. Le prix d'entrée pour courir est de 1,000 fr. Ce luxe peut avoir son utilité pour l'amélioration de l'espèce, qui est une partie de la richesse nationale. Mais les paris qui s'engagent, en dehors du cercle des éleveurs, entre les spectateurs désintéressés, à quoi servent-ils ? Jeu pur, qui n'a d'autre effet que de distraire l'intelligence des parieurs, et qui, s'il se propageait dans la nation, entraînerait dans la production un déficit notable.

Un individu, qui n'est ni industriel, ni commerçant, qui se garderait fort d'aucune entreprise sérieuse, parie que le prix du pain, aujourd'hui de 50 centimes le kilogramme, sera l'hiver prochain à 60 ; – que celui des vins dépassera, après vendange, 40 francs l'hectolitre, franc de droits ; – que tel navire, chargé de coton et attendu au Havre le 1er décembre, ne sera pas arrivé en janvier. De quoi se mêle ce brouillon ? Qu'il perde ou qu'il gagne, qu'en peut-il résulter pour le commerce ? Qu'est-ce que cela fait à la fortune publique ? Bien plus, n'y a-t-il pas déjà quelque chose de répréhensible à venir ainsi, sans but, sans utilité, sans motif sérieux, jeter le trouble dans les transactions ?

Les capitaux, comme toute espèce de marchandises, sont soumis à l'offre et la demande, et subissent les oscillations du crédit. Il est donc tout naturel et tout simple, lorsque le commerce, l'industrie ou l'hypothèque offrent à l'argent 5 et 6 % d'intérêt, que les créanciers de l'État vendent leurs titres, et cherchent à placer ailleurs des capitaux qui, engagés dans les fonds publics, ne rapporteraient que 4. Pareillement, si l'argent regorge sur le marché, ou si le commerce et l'industrie n'offrent pas au capitaliste une sécurité suffisante, il est naturel encore qu'il reporte ses fonds sur l'État, et qu'il achète des rentes. Dans le premier cas, les fonds publics seront en baisse, ce qui sera un signe de prospérité générale ; dans le second ils seront en hausse, ce qui témoignera du défaut de confiance. S'il y a hausse partout à la fois, c'est que le capital surabonde, et que l'offre du détenteur dépasse la demande de l'entrepreneur. Telle est la signification normale des mouvements de la Bourse, en ce qui concerne les fonds publics.

Mais l'agiotage vient dénaturer cette signification, au point que le rapport est changé du tout au tout, et que dans l'immense majorité des cas, baisse de la rente à la Bourse signifie affaires mauvaises ; hausse de la rente, au contraire, bonnes affaires, tant pour le pays que pour le gouvernement. La raison de cette anomalie est qu'au lieu de voir dans la dette publique un déversoir assuré des capitaux disponibles, on s'est habitué à considérer l'État lui-même comme un grand entrepreneur de commerce, industrie, banque, salubrité, sécurité, etc., dont le crédit monte ou descend, suivant que ses opérations paraissent plus ou moins avantageuses et plausibles, et qui, par l'importance de ses affaires, par la solidarité qu'ils imposent au pays, domine et gouverne le marché.

Un particulier se rend à la Bourse, le 4 1/2 étant à 90 fr. Il offre de livrer fin courant pour 100,000 fr. de rentes de cette valeur à 89 fr., c'est-à-dire qu'il parie, en se fondant sur n'importe quelles conjectures, que la rente 4 1/2, qui dans ce moment est à 90, sera descendue fin courant à 88. En conséquence, il s'engage à livrer à la même époque à 89 : différence, 1 fr., qui constitue le bénéfice de son pari. Certes, c'est déjà une chose profondément irrégulière, immorale, désastreuse ; une chose qui accuse à la fois l'organisation politique du pays, la moralité et la capacité du pouvoir, que cet enchaînement de la fortune et de la sécurité des citoyens aux décisions ministérielles, et cette assimilation des actes du souverain au tirage d'une loterie. Il est évident que de semblables paris, non-seulement ne contiennent en eux-mêmes aucun élément d'utilité, de productivité ou d'économie, mais qu'ils sont souverainement contraires à la tenue des opérations réelles, et destructifs de toute spéculation sérieuse.

Allons au fond, et nous découvrirons bientôt que ce pari, cette spéculation de Bourse, qui, abstraction faite des intérêts qu'elle compromet, pouvait jusqu'à certain point paraître innocente, n'est le plus souvent qu'une violation de la foi publique, un abus du secret de l'État, une trahison envers la société.

Un ministre, dont la fortune personnelle se compose de 50,000 livres de rentes en placement sur l'État, sait, de source certaine, qu'il existe entre le gouvernement dont il fait partie et une puissance étrangère telle difficulté diplomatique de laquelle sortira infailliblement une déclaration de guerre. Il met sa fortune à l'abri, en vendant à 92 des rentes qu'il sait devoir descendre dans cinq ou six semaines à 85. Un pareil acte, de la part d'un ministre, est une lâcheté, une désertion. Il fait plus : non content de sauver par une félonie ses propres capitaux, il joue à la baisse sous le couvert impénétrable d'un agent de change, et réalise en quinze jours plusieurs millions. C'est un vol commis de nuit, en maison habitée, avec préméditation et guet-apens. Mais le secret de l'agent de change lui est assuré ; et puis, comme dit Gilbert,

Il est puissant : les lois ont ignoré son crime !

Le monde boursier admet, tolère, excuse ou pardonne de tels actes. Ce n'est plus de la trahison ; cela s'appelle euphémiquement spéculation.

La plupart des spéculations de Bourse, qu'elles aient pour objet les fonds publics ou les valeurs industrielles, reposent aujourd'hui, soit sur des éventualités plus ou moins ingénieusement calculées, et dont la cause première est généralement l'État ; soit sur des secrets dérobés aux compagnies ou à l'État ; soit enfin sur la faveur, l'indiscrétion, la connivence ou la vénalité présumée des administrateurs de compagnies et des fonctionnaires de l'État. À cette heure, la spéculation n'est plus un jeu où chacun a le droit de faire tout ce que la loi ne défend pas, et de corriger, autant que le permet la prudence, les caprices du hasard. C'est une réunion de tous les délits et crimes commerciaux : charlatanisme, fraude, monopole, accaparement, concussion, infidélité, chantage, escroquerie, vol.

Le gouvernement met en adjudication le chemin de fer de Paris à ***. Plusieurs sociétés se présentent en concurrence pour obtenir cette concession. Au lieu de soumissionner au rabais, elles conviennent, la veille des enchères, de ne déposer entre elles toutes qu'une seule soumission et de se partager le lendemain les actions. Elles obtiennent ainsi un bail, de 99 ans, quand par une concurrence sincère il aurait pu n'être que de 50. – C'est une coalition, aux termes de la loi : on nomme cela, dans le monde honnête, spéculation.

D'après les études publiées par les journaux, le rendement de ce chemin ne sera pas moindre de 10 à 15 %. Les actions s'élèvent aussitôt de 500 fr. à 1,000 fr. ; les premiers souscripteurs vendent et réalisent : l'expérience démontre ensuite que le rendement de la voie n'est que de 7 1/2 %. Les actions tombent de 1,000 à 650 : différence 350 fr. par action qu'empochent les fondateurs et premiers actionnaires. – Charlatanerie macairienne : spéculation !

Après la révolution de 1848, il fut longtemps question d'annuler la concession du chemin de fer de Lyon. La compagnie n'avait pu fournir son cautionnement ; elle était dans l'impossibilité d'exécuter, et sollicitait l'annulation de ses engagements. Les actions tombèrent au plus bas. Grâce à l'Assemblée législative, qui prit l'affaire en main, un nouveau cahier des charges fut rédigé ; de nouvelles conventions faites, une loi votée par les représentants du pays. Le lendemain du vote ; les actions haussaient dans une seule Bourse de 400 fr. – Abus des influences : spéculation !

Depuis le 2 décembre 1851, les chemins de fer ne se donnent plus par adjudication, mais par concession directe. Les coalitions entre compagnies soumissionnaires étant devenues impossibles, le génie spéculatif s'est reporté tout entier sur la sollicitation. Or, il est bien difficile, quelle que soit l'intégrité des dépositaires du pouvoir, qu'ils échappent aux filets des soi-disant spéculateurs. Supposons qu'ils trouvent moyen de se faire appuyer auprès du prince par les représentants plus ou moins accrédités d'un gouvernement ami. – Intrigue diplomatique : spéculation !

Une compagnie de chemin de fer achète la batellerie des rivières et canaux qui pourraient faire à sa ligne une concurrence dangereuse, pour le transport, soit des marchandises, soit des voyageurs. Le prix du matériel est de 10 millions. Or, *il n'est pas permis à tout le monde d'aller à Corinthe*, disait Démosthène. Un capital de 10 millions ne se souscrira pas en un jour, surtout en présence de la rivalité d'un chemin de fer. La navigation est anéantie : le public, dépouillé d'une industrie précieuse, est rançonné. – Monopole : spéculation !

Une compagnie s'était formée pour l'exploitation d'une industrie minéralogique. Les bénéfices de la fabrication ne paraissant point à cette compagnie assez considérables, elle songe à se faire acheter, avec indemnité, par l'État. En conséquence, elle sollicite, sous main, par des voies détournées, la suppression générale de son industrie, sous prétexte d'insalubrité ; il s'en faut de peu qu'un décret, prononçant à la fois la suppression de toute une branche de travail et l'indemnité de ces agioteurs, ne soit rendu... Si ce plan eût réussi, la compagnie réalisait, outre son capital, un bénéfice de quelques millions. – Hypocrisie, philanthropie, sacrifice de la fortune publique : spéculation !

Un particulier, qui compte sa fortune par millions, s'avise un jour d'acheter tous les cuivres, au fur et à mesure de l'extraction. Il est le maître du marché, et comme l'industrie ne peut se passer de cuivre, elle est forcée de payer de 25 à 50 % de prime. – Accaparement : spéculation !

Une maison de banque fait mieux encore : elle se rend propriétaire des mines de mercure, métal indispensable à l'exploitation des minerais d'or et d'argent. Par cette propriété inviolable, ladite maison prélève, outre le prix normal du mercure, un droit de 10 % sur l'extraction des métaux précieux. – Aliénation du domaine public : spéculation !

Il dépend d'un ministre, et de son rapport plus ou moins véridique et favorable, que telle mine soit concédée à une compagnie de capitalistes, en instance auprès du gouvernement. Il sait que cette concession, que la loi l'oblige de faire gratuitement, fera gagner à la compagnie impétrante 10 millions. Le ministre laisse l'affaire en souffrance, jusqu'au jour où un agent de la compagnie dépose sur sa cheminée un portefeuille contenant 100 billets de 1,000 fr. – Concussion : spéculation !

Diverses sociétés se forment pour le percement de puits dans un bassin houiller qu'on sait être fort riche, mais jusqu'à ce moment à peine exploité. Certes, c'est une richesse qu'elles vont mettre au jour, une valeur immense qu'elles vont créer. Pour assurer au public le bénéfice d'une partie de cette richesse, le gouvernement établit certains droits sur l'extraction, tant au profit de l'État qu'en faveur des propriétaires superficiaires ; de plus il défend, à peine de révocation, l'agglomération, soit par vente, soit par fermage, des mines. Mais si le fermage et la vente des concessions minières sont interdits, l'association ne l'est pas. Une grande compagnie charbonnière se forme donc entre les sociétés concurrentes, pour l'exploitation unitaire, la vente et la hausse du prix des houilles ; et il y a tant d'intérêts respectables, politiques, diplomatiques, judiciaires, parlementaires, engagés dans l'association, que le gouvernement n'a jamais su y trouver remède. – Association, réunion, participation, entente, concert ou tout ce qu'on voudra, c'est-à-dire art d'éluder la loi : spéculation !

D'autres compagnies, qui ont obtenu des concessions distinctes de canaux, de chemins de fer, s'entendent, mais cette fois avec approbation du gouvernement, non pas précisément pour améliorer le service des transports ou en diminuer le tarif, mais afin d'en relever et maintenir les prix. Pour plus de sûreté, après avoir fixé l'apport et le revenu de chacune, elles se groupent sous une administration centrale et confondent leurs intérêts. On ne voit pas pourquoi la législation anti-unitaire des mines ne s'appliquerait pas aux chemins de fer, ni ce que le public gagne à cette fusion ; mais il est sûr que le profit des compagnies s'en augmente. – Spéculation !

Une institution de crédit, sous la forme d'une société anonyme, s'établit pour l'achat et la vente des actions industrielles. Les administrateurs de cette société, devenus les patrons obligés de toutes les entreprises, profitent de leur position pour se faire offrir de tous côtés des actions qu'ils reçoivent, comme simples particuliers, au pair ou même en baisse, et qu'ils s'achètent ensuite à eux-mêmes, en leur qualité d'administrateurs de la société, au nom, pour compte et avec les fonds de cette société, à 100, 150, 200 fr. de prime. – Confusion d'attributions, infidélité : spéculation !

Une compagnie se forme, au capital de 60 millions, pour la construction d'un chemin de fer d'une longueur de 120 kilomètres, tous frais de matériel, gares, embarcadères, stations, etc., compris. À 500,000 fr. par kilomètre, c'est cher : mais on est au début de ces entreprises gigantesques ; le public est enivré ; on s'arrache les actions, on jette l'argent par les fenêtres. Cependant, au lieu de 60 millions, la voie en coûte 96, – soit, par kilomètre, 806,000 fr. Il se trouve que les fondateurs, administrateurs, directeurs, gérants, inspecteurs et patroneurs de la compagnie sont en même temps, pour son compte, entrepreneurs de terrassements, viaducs, tunnels, fournisseurs de rails, traverses et coussinets, constructeurs de locomotives, etc. Les marchés qu'ils passent, pour ces objets divers, au nom de la compagnie, et en qualité de ses fondés de pouvoirs, ils les signent comme partie contractante avec cette même compagnie, chose permise, quand elle n'est pas expressément défendue, par le système de société anonyme. Cumul, collusion : spéculation !

Une société en commandite s'annonce au public, sous le patronage le plus respectable et avec les plus beaux rapports d'ingénieurs, pour l'exploitation d'une mine. Les actions gagnent, en quelques semaines, 100 % ; les concessionnaires ou leurs ayants droit, ainsi que les premiers souscripteurs d'actions qui ont monté, de connivence avec eux, l'entreprise, réalisent vite ; puis, quand arrivent les fouilles, on s'aperçoit que la couche est bouleversée, inexploitable. On s'est TROMPÉ ! Affaire nulle ! les actions valent zéro. Rendez l'argent alors, dirait, en s'appuyant sur la loi de 1810, le sens commun. – Non, répondent les compères ; l'exploitation d'une mine est une entreprise aléatoire : la chance, qui pouvait être pour vous, a tourné contre vous ; vous n'avez pas droit de vous plaindre. – Mystification, escroquerie, *macairisme* : spéculation !

Le besoin se fait sentir d'une communication directe et rapide entre l'Europe occidentale et les ports opposés de l'Amérique. Une compagnie puissante, patronnée et commanditée par l'État, peut seule exécuter un pareil service. Que le gouvernement lui garantisse une subvention annuelle de 10 ou 12 millions par an, elle sera bientôt formée. 10 millions par an ! il y a de quoi doter vingt mille rosières !... Les ports de l'Océan et de la Méditerranée, les chambres de commerce, les municipalités, les conseils généraux, les sénateurs, les armateurs, les ingénieurs, les journalistes, un tiers de la France, se met en mouvement pour avoir part à l'immense curée. La sollicitation arrive des quatre points cardinaux au ministère, d'autant plus effrontée qu'au moment même où les solliciteurs demandent protection pour la marine, ils prêchent le libre-échange pour tout le reste. – Favoritisme, dilapidation, corruption : spéculation !

Telle est, en général, la spéculation abusive : elle se multiplie sous mille formes, s'attache au travail, au capital et au commerce, dont elle s'approprie le plus clair, le plus net et le plus beau ; elle singe et déshonore la spéculation utile, dont les poursuivants généreux et modestes ne recueillent trop souvent pour récompense que la misère, tandis que les amants éhontés de l'autre, insultant à la morale publique, nagent dans les honneurs et l'opulence.

Il ne faut pas confondre les ABUS de la spéculation avec ses *erreurs* : les premiers, ainsi que nous venons de le faire voir, sont essentiellement l'œuvre du parasitisme et de la fraude, justiciables de la police correctionnelle et des cours d'assises ; les seconds ne sont que les mécomptes d'une intelligence entreprenante, mais peu éclairée et malheureuse.

Un perruquier, qu'enflamme l'exemple d'Arkwright et que séduit la découverte de Montgolfier, s'imagine avoir résolu le problème de la direction des aérostats ; il quitte tout pour suivre son idée, engage son mobilier, fait appel à la bourse de ses amis, ouvre des souscriptions, lance des annonces, gagne la confiance de riches amateurs et en obtient des sommes considérables, dont tout le fruit, après de ridicules essais, est une démonstration nouvelle de l'impossibilité de l'entreprise. – Voilà une erreur de spéculation.

La liste des brevets d'invention que délivre chaque année le gouvernement, mais *sans garantie* de sa part, n'est, pour les quatre cinquièmes, que la liste des fausses spéculations qu'enfante incessamment le génie industriel. Mais cette exubérance de découvertes est comme la fumée, qui recèle dans ses tourbillons la flamme : si le plus souvent elle n'apporte que la ruine à ses auteurs, elle est, pour la société, la condition nécessaire du progrès, et, à ce point de vue, encore respectable.

En 1785 le ministère français conclut avec l'Angleterre un traité par lequel les poteries des deux provenances seront introduites réciproquement en franchise dans les deux pays. Le ministère français avait compté, pour les manufactures de Sèvres et de Beauvais, sur un débouché immense, dans un pays qui ne produisait que des poteries communes. Mais la spéculation était fausse : tandis que l'Angleterre achetait à peine pour 100,000 fr. de porcelaines, elle nous expédiait pour des millions de terres cuites. Il fallut, non sans honte, résilier le marché.

Afin d'assurer la propriété des écrivains et éditeurs français, et mettre fin à la contrefaçon belge, le gouvernement de France fait avec le gouvernement de Belgique un traité par lequel la propriété littéraire est garantie réciproquement dans les deux pays. Bonne affaire pour les auteurs et publicateurs de livres nouveaux ; mais mauvaise spéculation pour la librairie belge, si les tarifs de douane sont maintenus ; pour la librairie française s'ils sont abolis. Tandis que la France acquiert un marché de 3 millions d'âmes, elle offre à la Belgique le sien, qui est de 36 millions : les conditions ne sont pas égales.

Pour doter le pays de canaux, le gouvernement fait appel aux capitaux privés, leur garantit, avec l'intérêt de 5 %, une part considérable dans le produit net des voies navigables, pendant 99 ans. L'expérience démontre ensuite que le plus faible tarif sur la batellerie est prohibitif, et qu'un canal, pour rendre tous les services dont il est susceptible, ne doit rien rapporter du tout : chose dont on aurait pu s'assurer en discutant le cahier des charges. La spéculation en ce qui concernait les actionnaires, était donc fausse ; ils la rendirent abusive en s'obstinant à empêcher la réduction des tarifs, et en obligeant le pouvoir à leur racheter complaisamment, à très-haut prix, leurs actions de jouissance.

Nous ne nous étendrons pas davantage sur cette matière. On voit, par ces quelques exemples, qu'autant la condition aléatoire, inséparable de toute spéculation sérieuse, fournit de prétextes à la spéculation abusive ; autant les erreurs, dont la première est involontairement et innocemment susceptible, fournissent d'excuses et de déclinatoires à la seconde. C'est une mer remplie d'écueils, de bas-fonds, de courants et d'entonnoirs, visitée par les trombes, les glaces, les brouillards, les ouragans, infestée par les flibustiers et les corsaires.

3. IMPORTANCE DE LA SPÉCULATION DANS L'ÉCONOMIE DES SOCIÉTÉS. POLITIQUE DE LA BOURSE

On vient de voir comment l'action du travail, du crédit et de l'échange est dominée de haut par ce quatrième pouvoir de l'économie sociale, la *Spéculation.*

Mais, de même que par la division du travail et la spécialité des fonctions, toutes les opérations industrielles, capitalistes et mercantiles sont plus ou moins dépendantes les unes des autres et solidaires ; de même il y a dépendance et solidarité plus ou moins étroite entre toutes les affaires spéculatives, de quelque nature qu'elles soient. Les fonds publics, par exemple, ne peuvent éprouver ni hausse ni baisse, sans que les valeurs industrielles, cotées à la Bourse, en reçoivent aussitôt le contrecoup, lequel se propage ensuite, comme un écho, dans tout le monde spéculateur. Le banquier de Marseille et de Bordeaux, aux nouvelles de la Bourse de Paris, élargit ou resserre son crédit ; le notaire de province, le petit prêteur, se montre plus réservé ou plus facile ; le commissionnaire restreint ou augmente ses commandes ; l'entrepreneur donne plus ou moins d'essor à sa fabrication ; l'ingénieur est excité ou retenu dans la poursuite de ses découvertes ; le fermier, le vigneron, l'éleveur de bétail, augmentent ou diminuent le prix de leurs produits ; et si la masse ouvrière ne répond pas à son tour à chaque impulsion qu'elle reçoit par une élévation ou une réduction proportionnelle de ses salaires, elle ne subit pas moins les conséquences du mouvement, en en faisant tous les frais. Dans l'économie générale, celui qui refuse de marcher quand les autres sont en route paye pour tout le monde.

Ainsi la production se divise en quatre facultés solidaires : la faculté capitaliste est solidaire de la faculté travailleuse, puisque, comme nous l'avons dit, le capital n'est autre chose que du travail accumulé, servant de matière première et d'instrument à un autre travail ; – la faculté mercantile, voiturière ou échangiste est solidaire des deux précédentes, puisqu'elle n'a d'action qu'autant qu'il y a des produits à échanger, des capitaux à faire valoir ; – la faculté spéculative, enfin, dépend des trois autres autant qu'elle les gouverne, puisque d'une part ses combinaisons embrassent à la fois, dans leur ensemble et leurs détails, le travail, le crédit et le commerce, et que de l'autre, elle pourvoit à leurs besoins, prévient leurs risques, assure leur équilibre, et leur imprime une même direction.

L'économie sociale peut être regardée comme parvenue à son plus haut point de perfection lorsque ces quatre facultés sont exercées simultanément, et dans une proportion égale, par tous les producteurs ; elle est au degré le plus bas lorsque ces mêmes facultés sont partagées entre des classes spéciales de citoyens, formant par là autant de corporations distinctes ou de castes.

De tout temps, la constitution politique a été le reflet de l'organisme économique, et la destinée des États réglée en raison des qualités et des défauts de cet organisme. À Rome, où la propriété rurale était l'élément dominant, le gouvernement fut dévolu à un sénat de laboureurs, graves, mais avares, comme tous les paysans. La république périt, beaucoup moins par l'invasion de la plèbe (les journaliers), que par l'exagération même de la possession foncière, de ses fermages et de ses usures. – À Carthage, le commerce et l'industrie furent tout-puissants : les rivalités mercantiles, la compétition des monopoles que procurait le gouvernement, la fureur des concessions, des subventions, des primes ; l'agiotage organisé avec protection et participation du pouvoir, plus que les victoires des deux Scipions, amenèrent la ruine de l'État. – Dans la vieille Égypte, la classe prépondérante paraît avoir été un corps de savants presque autant que prêtres : l'appropriation du savoir, le privilège des lumières, l'énorme distance qu'il créa entre la plèbe ouvrière superstitieuse et le sacerdoce savant et artiste, contribua, plus que toutes les invasions des barbares, à anéantir la société égyptienne. – Le moyen âge distingua, spécialisa toutes les facultés, fit de tout un privilège de corporation ou de caste. Mais bientôt le tiers-état, réunissant en soi toutes les facultés productrices, tandis que la noblesse et le clergé ne conservaient que la propriété du sol, le surplis et la cuirasse, devint maître de la société et de l'État, et expulsa de leurs biens les castes rivales. – Depuis 1789, le pêle-mêle, la fusion des facultés économiques, est passée en droit, et jusqu'à certain point en fait : tout citoyen a le droit d'être simultanément travailleur, capitaliste, entrepreneur, commerçant ou commissionnaire et spéculateur, et un certain nombre le sont en effet. Toutefois, la révolution de 1789 est loin encore d'avoir, sous ce rapport, produit toutes ses conséquences ; la fusion est à peine commencée, et les perturbations qu'éprouve depuis soixante-neuf ans notre état politique sont les symptômes de ce laborieux enfantement...

Quoi qu'il en soit, comme toute faculté, dans la société aussi bien que dans l'individu, doit avoir son expression et son organe, il était inévitable que la spéculation obtînt aussi le sien ; qu'elle eût son appareil, son lieu de manifestation, ses formules, son temple. La politique a ses palais, la religion ses églises, l'industrie ses manufactures et ses chantiers, le commerce ses ports, le capital ses banques : pourquoi la Spéculation serait-elle demeurée à l'état de pure abstraction ?

La BOURSE est le temple de la Spéculation.

La Bourse est le monument par excellence de la société moderne.

Ce n'est pas seulement l'atelier, la ferme, le magasin, les docks et les ports, les entrepôts et les comptoirs, la terre et l'océan, qui lui sont soumis et lui payent tribut : elle passe avant l'école, l'académie, le théâtre, les assemblées politiques, les congrès ; avant l'armée, avant la justice, avant l'Église elle-même.

Aucune puissance, ni dans l'antiquité, ni dans les temps modernes, ne peut se comparer à la sienne. Jamais les templiers, les ordres de Jérusalem et de Malte, cette milice des papes qui dominait les empereurs et les rois ; jamais les franciscains, les dominicains ou les jésuites ; jamais les tribunaux vehmiques et la franc-maçonnerie ne produisirent des effets plus prompts, plus universels, plus puissants. Les Alexandre, les César, les Charlemagne, les Napoléon, dans toute leur gloire, n'étaient auprès d'elle que des pygmées. L'imprimerie elle-même, servie par les génies les plus profonds et les plus sympathiques, assistée de la vapeur, est au-dessous de cette puissance souveraine, qui trône, invisible, à la Bourse, et chaque jour y rend ses oracles, non pas toujours équitables, mais toujours sûrs.

Le Manuel du spéculateur, 4e édition, Garnier Frères, 1854, pp. 9-23.

Alexandre Dumas fils (1824-1895),

Pauvres petits millions...

L'argent est-il vraiment « la seule puissance qu'on ne discute jamais » ? Dans cet extrait de La Question d'argent, *pièce que Dumas fils écrivit dans la période de tourmente financière de la fin des années 1850, deux conceptions s'opposent : celle de Cayolle, qui représente la noblesse installée et tranquille, la richesse ancienne qui peut se faire discrète ; et celle de Jean Giraud, fils de jardinier devenu millionnaire et qui semble avoir lu les* Manuscrits de 1844 *: autrefois, affirme-t-il, on le trouvait « laid, bête, importun », mais sa richesse l'a rendu « beau, spirituel, aimable ». Cayolle présente une morale consensuelle de l'argent, qui n'est à son sens ni bon ni mauvais : ce qui importe vraiment est la « valeur personnelle » des individus qui le possèdent.*

La pièce de Dumas fils, qui n'hésite jamais dans ses œuvres à fustiger les travers et hypocrisies du monde des puissants, en particulier au sein de leur foyer, peut susciter diverses lectures. Bien sûr, Jean Giraud, qui pensait pouvoir acheter avec ses millions la noble mais pauvre mademoiselle de Roncourt, échouera finalement. C'est le charmant mais désargenté René de Charzay, incarnation de la « valeur personnelle », qui obtiendra la main de la belle. Pourtant, le nouveau riche n'est pas si ridicule ; il a bien conscience que c'est l'argent qui lui a permis de franchir les barrières sociales, et témoigne en ce sens du pouvoir démocratique de celui-ci. Si les nobles peuvent donner des leçons de vertu, c'est qu'ils détiennent ce que Pierre Bourdieu appellera le « capital social » et le « capital symbolique » : manières élégantes, relations haut placées, noms de famille prestigieux... Ces capitaux sont-ils alors le signe d'une « valeur personnelle » de l'individu, ou ne sont-ils que des attributs de la domination sociale reçus en héritage ?

Jean – Je ne dis pas cela pour moi, madame, mais je sais ce que je dis, l'argent est l'argent, quelles que soient les mains où il se trouve. C'est la seule puissance que l'on ne discute jamais. On discute la vertu, la beauté, le courage, le génie, on ne discute jamais l'argent. Il n'y a pas un être civilisé qui, en se levant le matin, ne reconnaisse la souveraineté de l'argent, sans lequel il n'aurait ni le toit qui l'abrite, ni le lit où il se couche, ni le pain qu'il mange... Où va cette population qui se presse dans les rues, depuis le commissionnaire qui sue sous le fardeau trop lourd, jusqu'au millionnaire qui se rend à la Bourse au trot de ses deux chevaux ?... L'un court après 15 sous, l'autre après 100 000 francs. Pourquoi ces boutiques, ces vaisseaux, ces chemins de fer, ces usines, ces théâtres, ces musées, ces procès entre frères et sœurs, entre fils et pères, ces découvertes, ces divisions, ces assassinats ? Pour quelques pièces plus ou moins nombreuses de ce métal blanc ou jaune qu'on appelle l'argent ou l'or. Et qui sera le plus considéré à la suite de cette grande course aux écus ?.... Celui qui en rapportera davantage. Aujourd'hui, un homme ne doit plus avoir qu'un but, c'est de devenir très riche. Quant à moi, ça a toujours été mon idée, j'y suis arrivé et je m'en félicite. Autrefois, tout le monde me trouvait laid, bête, importun ; aujourd'hui, tout le monde me trouve beau, spirituel, aimable, et Dieu sait si je suis spirituel et beau ! Du jour où j'aurai été assez niais pour me ruiner et redevenir Jean comme devant, il n'y aura pas assez de pierres dans les carrières de Montmartre pour me les jeter à la tête ; mais ce jour est encore loin, et beaucoup d'autres se seront ruinés d'ici là, pour que je ne me ruine pas. Enfin le plus grand éloge que je puisse faire de l'argent, c'est qu'une société comme celle où je me trouve ait eu la patience d'écouter si longtemps le fils d'un jardinier qui n'a d'autres droits à cette attention que les pauvres petits millions qu'il a gagnés.

Durieu – C'est très vrai tout ce qu'il vient de dire là, le fils d'un jardinier... C'est étonnant, il voit notre siècle tel qu'il est.

Madame Durieu – Et bien, mon cher monsieur de Cayolle, que pensez-vous de tout cela ?

De Cayolle – Je pense, madame, que les théories de M. Giraud sont vraies seulement dans le monde où M. Giraud a vécu jusqu'à présent, qui est un monde de spéculation, dont le but unique doit être l'argent. Quant à l'argent par lui-même, il fait faire quelques infamies, mais il fait faire aussi de grandes et nobles choses ; il est semblable à la parole humaine, qui est un mal chez les uns, un bien chez les autres ; mais cette obligation où nos mœurs mettent l'homme, d'avoir à s'inquiéter tous les jours, en se réveillant, de la somme nécessaire pour ses besoins, afin qu'il ne prenne rien à son voisin, a créé les plus belles intelligences de tous les temps. C'est à ce besoin de l'argent quotidien que nous devons... Franklin qui a commencé, pour vivre par être ouvrier imprimeur ; Shakespeare, qui gardait les chevaux à la porte du théâtre qu'il devait immortaliser plus tard ; Machiavel, qui était secrétaire de la république florentine, à 15 écus par mois ; Raphaël, qui était fils d'un barbouilleur d'Urbin ; Jean-Jacques Rousseau, qui a été commis greffier, graveur, copiste, et qui encore ne dînait pas tous les jours ; Fulton, qui a d'abord été rapin, puis ouvrier mécanicien, et qui nous a donné la vapeur, et tant d'autres. Faites naître tous ces gens-là avec 500 000 livres de rente chacun, et il y avait bien des chances pour qu'aucun d'eux ne devînt ce qu'il est devenu. Cette course aux écus dont vous parlez a donc du bon. Si elle enrichit quelques imbéciles ou quelques fripons, si elle leur donne la considération et l'estime des subalternes, des inférieurs, de tous ceux enfin qui n'ont avec la société que des rapports qui se payent, elle fait assez de bien d'un autre côté en éperonnant des facultés qui seraient restées stationnaires dans le bien-être, pour qu'on lui pardonne quelques petites erreurs. À mesure que vous entrerez dans le vrai monde qui vous est à peu près inconnu, monsieur Giraud, vous acquerrez la preuve que l'homme qui y est reçu, n'y est reçu que pour sa valeur personnelle. Regardez ici, autour de vous, sans aller plus loin, et vous verrez que l'argent n'a pas cette influence que vous lui prêtez. Voici madame la comtesse Savelli qui a 500 000 fr. de revenu, et qui, au lieu de dîner avec des millionnaires qui assiègent son hôtel tous les jours, vient dîner chez M. et Mme Durieu, de simples bourgeois pauvres à côté d'elle, pour le plaisir de se trouver avec M. de Charzay, qui n'a que 1 000 écus de rente, et qui pour des millions ne ferait pas ce qu'il ne doit pas faire ; avec M. de Roncourt, qui a une place de 1 500 fr., parce qu'il a abandonné toute sa fortune à des créanciers qui n'étaient pas les siens, et qu'il pouvait ne pas payer ; avec mademoiselle de Roncourt, qui a sacrifié sa dot au même sentiment d'honneur et de solidarité ; avec mademoiselle Durieu, qui ne sera jamais la femme que d'un honnête homme, eût-il pour rivaux tous les Crésus présents et à venir ; enfin, avec moi, qui ai pour l'argent, dans l'acceptation que vous donnez à ce mot, le mépris le plus profond. Maintenant, monsieur Giraud, si nous vous avons écouté si longtemps, c'est que nous sommes tous gens bien élevés ici, et que d'ailleurs vous parliez bien, c'est qu'on m'a écouté encore plus longtemps que vous, moi qui n'ai pas comme vous un billet de mille francs à mettre dans chacune de mes phrases.

La Question d'argent, Paris, Charlieu libraire-éditeur, 1857, Acte I, scène V, pp. 29-31.

Jules Vallès (1832-1885),
Un monde tout en actions

Le Manuel du spéculateur à la Bourse *de Proudhon connaît un succès remarquable : 22 000 exemplaires sont vendus au cours des cinq années qui suivent sa publication, performance considérable pour un ouvrage financier. Romanciers, journalistes, pamphlétaires, dramaturges, beaucoup suivent le même chemin et cherchent à la Bourse les ressorts cachés du capitalisme et, au-delà, du monde moderne.*

Jules Vallès, plus connu pour son œuvre postérieure (en particulier pour L'Insurgé*) ou pour son activité révolutionnaire (il participera à la Commune de 1871), figure parmi ces continuateurs de Proudhon. Mais il innove par le style : prétendant justifier la Bourse contre ses détracteurs, il dévoile en fait ironiquement la force destructrice de l'argent et l'intérêt bien compris de ceux qui prétendent que la mobilisation de capitaux drainés par la Bourse est au service de la collectivité. Sa verve continue de faire mouche...*

Proudhon a raison, si bien raison que chacun, jeune ou vieux, dans l'armée des vaillants, parmi ceux que préoccupe l'avenir de la France et du monde, chacun laisse, pour un temps, les récréations frivoles de la littérature, ses distractions inutiles et ses leçons banales, pour se tourner, la raison en avant, vers l'étude de ces problèmes économiques dont la solution importe tant à la France, pauvre pays si souvent victime de sa légèreté, de son enthousiasme et de son ignorance opiniâtre !

Pour nous, qui avons été mêlés à cette vie agitée, habitués à la hausse et à la baisse, tour-à-tour acheteurs, vendeurs, actionnaires, nous n'avons point voulu en écrivant ce livre, faire un panégyrique, on le verra ; mais nous ne sommes point un ennemi systématique de la Bourse. Nous ne venons pas louer ou blâmer, crier bravo, crier raca, mais expliquer les faits, analyser les opérations, observer les choses et les hommes, montrant, par ci, par là, les trucs, rubriques, ficelles, pièges à loup, éclairant le coin dangereux, où le client sérieux ou non, riche ou pauvre, Macaire ou Germeuil, est pillé, carotté, saigné.

Qu'on ne s'y trompe pas ! Le spectacle des petits et des grands dangers, des floueries mesquines et des honteuses manœuvres, ce spectacle doit blesser les délicatesses d'un esprit prudent et honnête ; mais faut-il, sans pénétrer plus avant, fermer les yeux et sonner la Saint-Barthélemy de la Bourse !

C'est un terrain dangereux, dirons-nous avec les hommes sérieux, qu'irrite la voix dure et cruelle des spéculateurs. C'est là que les fils de familles, les gentilshommes et les petits bourgeois viennent dans un jour, dans une heure, perdre le patrimoine héréditaire, le capital amassé sou à sou par la sagesse paternelle, sans que rien puisse les arrêter, sans qu'il soit possible de rester sourd au bruit de l'or qui frétille et des écus qui dansent. C'est là, qu'on oublie les lois heureuses de la prudence, quelquefois les premiers devoirs, laissant sur les degrés de la nouvelle maison de jeu son honneur et sa réputation. C'est là que les malheurs de la patrie sont acceptés par une hausse de 5 francs. Quelquefois, dit-on, les historiens se trompent et c'est la Bourse qui a raison. Quoiqu'il en soit, il est dangereux pour les peuples, dangereux pour les individus, de sacrifier à la cupidité les idées d'honneur que Dieu met dans les cœurs et dans le pli des drapeaux.

Il est, sur le sol mouvant de la Bourse, des égoïstes cruels, des charlatans habiles, qui engagent dans des chemins obscurs, dangereux, sans issue, la foule moutonnière, et détournent, à leur profit seulement, le cours des fortunes privées et des richesses publiques. Que ceux-là soient flétris, condamnés ; qu'ils deviennent la risée de tous, qu'ils amassent, avec des écus volés, des trésors de honte, et que les hommes loyaux s'irritent ! c'est justice.

Il est dans l'histoire des sociétés fondées depuis trente ans, des exemples déplorables de compagnies à jamais discréditées, ruinées par l'inconduite des chefs. Des idées excellentes, d'heureux projets, utiles pour l'actionnaire, utiles pour le pays, ont ainsi sombré sur cet Océan dangereux, dont les flots engloutissent les mourants et les blessés, sans que rien ne surnage.

Oui, la Bourse a été le théâtre de bien des infamies, de bien des maladresses, et l'actionnaire, ce malheureux actionnaire a été joué, exploité, pressé, dévalisé. Pauvre diable !

Mais après tout, sur ce champ de bataille, semé de débris, pavé d'or, tapissé de billets de banque, c'est comme dans la vie, une lutte, un combat. Au plus fort le succès, au plus fin les bénéfices : les lois de la guerre, *Vœ victis !*

Là, plus qu'ailleurs, nous le savons, peuvent agir la fraude, la perfidie, et ces dames ne se gênent pas, font des leurs, s'en donnent à leur aise ! leurs serviteurs sont, la moitié du temps, de bonnes gens que l'autorité de leur nom et de leur fortune met à l'abri de plus d'un revers et sauve de plus d'un reproche.

Cependant, si l'imbécile qui a pris des actions sur la Gastronomie, gérant *M. Ventre*, a perdu son argent, devons-nous verser sur son malheur un torrent de larmes, et n'est-ce point une juste punition de sa folie ?

Le conte de Jérôme-Pâturot est une vérité.

Tout actionnaire dans la société générale de Gastronomie a droit à un dîner à cent sous par tête, comme disent les provinciaux, et ces provinciaux alléchés prennent des actions. Les agents de change des grandes villes qui viendront voir l'Exposition universelle, les bons habitants de la Gascogne et de la Bretagne se lancent, s'intéressent dans l'affaire. Encore une fois, si ceux-là ont perdu leurs pauvres sous, ils le méritaient bien. Qu'ils essuient leurs larmes ! voilà un exemple entre mille.

Nous pourrions encore parler de quelques valeurs égarées sous les piliers de la Bourse, dont le nom seul fait venir le sourire aux lèvres, méchants carrés de papier, couverts d'une signature inconnue, avec lesquels les victimes peuvent allumer un cinq centimes au prochain bureau de tabac – de l'argent qui s'envole en fumée.

Puis, après la comédie, le drame, le drame triste, sans pose, sur les escaliers de la maison. On entend une détonation : une victime de plus, un homme de moins ! Il s'est tué avant qu'on l'*exécutât*. À la Bourse on exécute les gens. Quelques-uns se laissent guillotiner financièrement et sont plus philosophes. Nous aimons mieux ceux qui en finissent de suite et s'en vont pour ne plus revenir.

Touchons même en passant au côté sensible, au cœur de la question. Il s'agit d'une idée bonne, grande, heureuse. La Compagnie offre de hautes garanties de prudence et de moralité ; les dividendes montent très haut, et nous les savons sincères.

Le mouvement qu'entraîne la mise en actions, les opérations à terme, à prime, la danse des valeurs, le gain sur les différences, combinaisons, manœuvres, ces achats par des gens qui n'ont pas d'argent, ces ventes par ceux qui n'ont pas de titres, ce jeu-là est-il honorable ? honorable et productif ? Non, disent les hommes prudents et sages. C'est une agitation stérile, un remue-ménage inutile, une activité sans résultats, sans d'autres résultats au moins que la ruine de quelques-uns au profit de quelques autres. Agents de change et courtiers se gaudissent, se frottent les mains, noircissent leur carnet, prélèvent le courtage, et tout est dit. La France, l'industrie, le commerce, qu'ont-ils gagné ?

Et les ficelles tirées de droite et de gauche pour hisser cet autre pavillon qu'on appelle la *prime* ...

La prime ! voilà le grand mot : le miroir aux alouettes, le filet, la glu, le sifflet, la grosse caisse, la grosse affaire.

La prime ! saluez, honnêtes commerçants, bourgeois du Marais, épiciers de la rue aux Ours, qui gagnez doucement, bêtement, machinalement votre vie à vendre des pruneaux et du sucre au fond de vos boutiques ! à genoux, ouvriers stupides, qui usez vos mains à creuser la terre, à porter les moellons, à tirer le soufflet dans la forge, à faire marcher la machine. Et vous, pauvres diables, qui cherchez dans les livres une science qui vous servira bien peu dans le monde, passez les jours, passez les nuits ; vous ne pourrez nouer les deux bouts. Si le hasard vous favorise, vous aurez le nécessaire, un peu du superflu, il faudra toujours compter. Courage, talent, génie, belle affaire vraiment !

Prenez du Mobilier, des petites Voitures (!), quelques Autrichiens ; les actions font prime, les chefs inspirent toute confiance, le char est bien lancé : dans une bourse, dans une heure, vous réalisez un gain, une petite fortune quelquefois, et la liquidation vous trouve riche, joyeux, considéré.

La prime, la prime !

C'est encore là un de ces mots nouveaux, pleins de danger, chargés d'argent, gros d'orages, que la spéculation grave en majuscules sur la couverture de son grand livre, et que les financiers jettent, comme un drapeau, dans la mêlée ardente des grands intérêts.

Que de diplomatie, que d'habileté pour faire monter ces pauvres actions ! Combien de moyens employés pour attacher à cette feuille de papier jaune, bleue, rouge ou rose, une valeur qu'elle n'a pas, sans souci de l'avenir, sans qu'on sache encore ce que rapportera l'affaire, si le public en voudra, si elle réussira jamais, si seulement le dividende atteindra le taux ordinaire.

Devons-nous signaler quelques-uns de ces moyens, parler de la façon habile dont les fondateurs se réservent un nombre magnifique d'actions, les retiennent, les lâchent, les pressent, les poussent, les montrent ou les cachent ?

Qu'importe ! qu'ils s'arrangent comme ils voudront, ces messieurs ! mais nous, qu'avons-nous à faire, qu'à suivre le mouvement, à bien regarder et à bien voir, à profiter du jour, de l'heure, de l'occasion ? Quant aux premières cérémonies, à l'accouchement, au baptême, c'est toujours, toujours la même chose. Des annonces, des mots, des articles et des promesses ; des promesses, des mots, des articles et des annonces, voilà tout bêtement les armes qu'ils manient, et depuis que l'on met tout en actions, tout, dit-on, sauf la morale, les braves gens, qui ont de l'argent à faire marcher, n'en demandent pas davantage, se laissent prendre encore aux mêmes trucs, viennent en masse, quelques-uns au bon moment, quand on a bien gonflé la chose, et que la prime est belle, d'autres la veille du désastre, quand un coup d'épingle crève le ballon, et qu'il tombe sans parachute au milieu des pauvres diables, qui ont bâti la nacelle, payé le gaz et les cordages !

— Voilà le danger. Il est grand. Cette fièvre du jeu, cette passion de l'argent, cette avalanche d'annonces, de découvertes, de gérants, d'inventeurs, d'encre et de papier, tout ce bruit et ce mouvement, est-ce là un bien, et le docteur Pangloss trouve-t-il tout pour le mieux dans le meilleur des mondes possibles ?

— La Bourse a un côté grand, noble et fort.

Après avoir parcouru à vol d'oiseau le monde de la rouerie et du danger, détournons nos yeux et regardons plus haut.

Une nation, comme un homme, a des membres, un cerveau, un cœur. La Bourse est peut-être à cette heure le cœur de la France. C'est là que par mille veines, mille canaux, arrive, s'agite et gronde, ce métal sacré, l'or, le sang des nations !

Dans leur action directe, les opérations de la Bourse, dit M. Forcade, sont improductives et n'augmentent en rien la richesse générale. C'est dans leurs effets indirects qu'il faut chercher leur utilité. Le grand commerce des valeurs, qui se fait à la Bourse, a le double avantage de procurer aux propriétaires de ces valeurs la disponibilité de leurs capitaux, toutes les fois qu'ils veulent les déplacer pour les appliquer à de nouvelles entreprises, et d'attirer vers des placements utiles et commodes des capitaux sans emploi. Par cette double action, le commerce des valeurs agglomère à la Bourse les capitaux et les épargnes, il excite leur concurrence. Il seconde par la hausse des cours la baisse de l'intérêt et rend ainsi d'éminents services à l'État, lorsqu'il est obligé de recourir aux emprunts, à l'industrie, lorsqu'elle réclame des entreprises trop considérables pour les efforts et les ressources privées, et qui ne peuvent être tentées que par l'association commanditaire. Quoique la circulation que les opérations de Bourse donnent aux valeurs ne soit pas directement productive, comme la circulation des capitaux dans le commerce et l'industrie, elle a pourtant une influence indirecte, mais heureuse et féconde, sur les progrès de la richesse générale, puisque sans elle le crédit public et le crédit commanditaire seraient soumis à de gênantes restrictions.

Voilà donc deux économistes, l'un célèbre, considéré à juste titre comme un des hommes les plus remarquables de son époque, l'autre nouveau venu dans l'arène, mais appelé à se créer un rôle, un beau rôle sur cette scène de l'économie politique, qui tous deux, après avoir dans leur langage puissant, comme nous dans la faible mesure de nos forces, signalé les dangers, déclarent clairement que c'est bien là, rue Vivienne, le rendez-vous des intérêts les plus chers de la société moderne.

La mobilisation du capital, succès immense, suprême victoire remportée sur le passé par le présent actif, industrieux, habile et fécond, garantie admirable pour l'avenir !

L'argent vole, va et vient, ici et là, d'un bout de la France à l'autre, de la poche du gascon à celle du breton, de la maison du rentier au cabinet de l'agent de change, la sève circule, les fonds se déplacent, tout se mêle, s'échange, se confond, se compense, c'est la foire aux écus !...

Qui ne trouverait dans cette circulation active, incessante, dans ce mouvement prodigieux des valeurs, un gage excellent de grandeur et de prospérité, à la condition que les spéculateurs seront sages, et ne compromettront pas par leurs folies les magnifiques avantages que leur a faits le caractère entreprenant de la nation dont ils sont les fils, des enfants terribles souvent !

Dans cette Bourse pleine d'accidents, d'embuscades et de ravins, dans cette arène ouverte à bien des aventuriers sans esprit et sans cœur, se sont agitées, débattues, dénouées les plus hautes questions que se soient posées, sans pouvoir les résoudre, les soldats courageux et dévoués de ce mot profond que les hommes ont appelé Progrès. Grâce au bruit qui s'est fait sous ces voûtes, grâce au courage des uns, à l'ambition des autres, grâce aux bonnes et aux mauvaises passions, grâce aux manœuvres sans fin de la spéculation, le Capital devenu sensible, mobilisé, canalisé, si l'on peut parler ainsi, a roulé sur le lit de la Bourse, comme un fleuve nouveau arrosant sur sa route la terre ingrate et dure, rivière aux milles bras dont chaque flot est utilisé, sans qu'une goutte soit perdue, une molécule égarée.

Les politiques feront leurs théories, écriront des thèses, bâtiront des systèmes ; la Bourse n'en restera pas moins la source vive et bonne des associations fécondes, et nous avons fait un grand pas dans le chemin qui mène les peuples à la richesse.

Les plus faibles épargnes, le plus mince billet de banque, le plus petit napoléon, le moindre *grain de mil*, le louis et l'écu sont tombés des coins du portefeuille dans le domaine de l'industrie ; chaque bribe a été ramassée, chaque parcelle de métal lancée dans l'air. L'actionnaire, quand il a voulu réfléchir, étudier, comparer, mesurer, l'actionnaire est devenu, entre les mains du spéculateur intelligent, l'instrument le plus heureux des découvertes enfantées par l'esprit humain.

Sans lui, sans ces sociétés armées pour la lutte dans le grand duel de l'esprit contre la matière, le fer, le zinc, l'étain, le chêne, le sapin, les os et les muscles du sol, les métaux, les pierres, l'air et l'eau seraient restés presque immobiles, inertes, barbares. Les voici civilisés. Tout se réunit, se joint, se mêle. On fait des wagons, on fond les chaudières, on creuse les puits profonds, la vapeur siffle, les machines marchent, et les entrailles de la terre sont bénies.

Sans lui, sans la Bourse, sans le mécanisme qu'on a créé pour elle, les écus seraient-ils venus se fondre au creuset des grands inventeurs ? Ces chemins de fer, ces usines regorgeant de noirs travailleurs, ces temples du crédit, ces ateliers de Vulcain, ces villes, ces ports seraient encore à tracer, à bâtir, à creuser. On n'eût pas songé à rapprocher les peuples sur un pont de paquebots ; sous les mers, ou n'attacherait pas les fils du télégraphe aux bras des nations, et, s'il faut songer à la gloire de la patrie, où donc se négocient les emprunts faits par l'État au nom de l'honneur français, où ramasse-t-on les millions pour forger les canons, acheter du pain aux soldats, des chevaux aux cavaliers, pour payer les frais de la guerre ? La Bourse était près des Tuileries, et la Bourse, pour un jour au moins, a donné la main à la France armée pour la bonne cause. N'essayons pas de rabaisser les sentiments qui firent alors battre son cœur de pierre. Qu'importe ! elle a donné de quoi combattre, c'est-à-dire de quoi triompher !

Elle se prête trop bien à ces grandes manœuvres, pour qu'on ait le droit de l'insulter encore. Pour quelques misères, que de grandeurs !

L'actionnaire, tant qu'il est resté propriétaire sérieux de ses titres, tant qu'il ne s'est point fait joueur, vendeur à prime et à découvert, voltigeur de l'agio, l'actionnaire a bien mérité de la patrie !

L'Argent, Paris, Ledoyen éditeur, 1857, pp. 5-19.

Eugène de Mirecourt (1812-1880),
Cingler la face ignoble des banquiers

Né Jacquot, le polémiste Eugène de Mirecourt signe son premier coup d'éclat en 1845 avec Fabrique de romans : Maison Alexandre Dumas & Cie. *Il y affirme qu'Alexandre Dumas n'a pas écrit ses œuvres lui-même, ce qui lui vaut un séjour en prison – le premier d'une longue série, tant ses portraits au vitriol déclenchent polémiques et procès. Il est d'ailleurs emprisonné lorsqu'il écrit* La Bourse, ses abus et ses mystères *(1858). Cet ouvrage s'inscrit dans la série des publications inspirées par* Le Manuel du spéculateur *de Proudhon. Bien que contre-révolutionnaire, Eugène de Mirecourt emprunte également aux écrits de Jules Vallès et d'Oscar de Vallée. Bien moins expert que ses prédécesseurs, il se pose en moraliste, dont le fouet doit cingler « la face ignoble des banquiers ». Dans le premier chapitre, « Le veau d'or », il démontre tout son savoir-faire de publiciste : il appelle de ses vœux un Moïse moderne et conclut en invoquant la France, qui saura retrouver le droit chemin de « l'activité commerciale et de l'agriculture », « les mamelles fécondes de la patrie ».*

I
LE VEAU D'OR

Tout au centre de Paris, cette ville qui se proclame la reine du monde civilisé, dans le quartier le plus élégant et le plus populeux, sur une large place, et bien en vue du regard des hommes, s'élève un temple grec, entouré d'une splendide colonnade.

C'est le temple de Baal, c'est la Bourse.

Autrefois, pendant que Moïse conférait avec Dieu sur le Sinaï, les Hébreux, désespérant d'atteindre la terre promise et regrettant l'Égypte, apportèrent aux pieds d'Aaron leurs vases précieux, leurs bijoux, et le contraignirent à fondre tout cela pour ériger un dieu de métal devant lequel ils se prosternèrent.

Descendu de la montagne sainte, Moïse brisa l'idole.

Cette histoire est vieille de près de quatre mille ans, et voici que de nos jours, après un aussi long intervalle, nous retrouvons en vigueur le culte du veau d'or.

Mais il n'y a plus de Moïse pour s'opposer au sacrilège.

Les idolâtres modernes affermissent audacieusement sur son piédestal cette divinité menteuse ; ils lui ont dressé le temple dont nous parlions tout à l'heure, et c'est là qu'ils viennent lui offrir leurs hommages, lui prodiguer leur encens.

Pour eux, il n'y a plus de terre promise. Au bout du pèlerinage de cette vie si courte, l'espérance ne leur montre rien. Les joies matérielles du présent, voilà ce qu'ils ambitionnent ; la fortune et les avantages qu'elle procure, voilà ce qu'ils recherchent.

Honneur, vertu, probité, mots creux et vides ! Soyons riches, disent-ils, et qu'importe le reste !

De l'or ! de l'or !

Et la Bourse ouvre ses portes à la foule avide, et le sacrifice impur commence, et l'on assiste à un spectacle inouï, fabuleux, indescriptible.

Un noir tourbillon grouille et s'agite dans l'enceinte immense.

Des vagues humaines se lèvent et se heurtent comme dans la houle. On entend des cris confus, inexplicables, incessants, que les échos se renvoient avec épouvante, et qui éclatent comme l'orage ou mugissent comme la tempête.

Il semble que les habitués du lieu sont pris de vertige. On se croirait sous les cabanons de Bicêtre ou dans une assemblée de sauvages.

Mais non, tous ces hommes se possèdent ; ils conservent leur sang-froid, – le sang-froid de Satan, qui reste calme au milieu des cris de rage et de désespoir des damnés.

Cet abominable tumulte ne gêne en rien les opérations de la caverne. On se dépouille, on se vole avec le plus merveilleux ensemble, et les victimes ne font pas entendre la moindre plainte. S'il y a des pleurs versés, du sang répandu, la Bourse n'en sait rien, ou plutôt on lui épargne ce spectacle pour le réserver au foyer domestique ; on y met des formes et de la bienséance.

Le désespoir n'éclate qu'au sein de la famille, et l'on rentre chez soi pour se brûler la cervelle.

Mais, allez-vous nous dire, à quoi bon cette peinture sinistre ? La société vous semble-t-elle assez gravement atteinte pour faire ainsi retentir le cri d'alarme ?

Oui.

D'autres, avant nous, ont signalé le péril.

Vous avez vu Ponsard et Alexandre Dumas fils flétrir sur la scène les tendances coupables du siècle.

Un magistrat, noble esprit coulé dans le moule de d'Aguesseau, M. Oscar de Vallée, vient de publier le livre des *Manieurs d'argent.*

Enfin, – et ceci est la preuve la plus claire du danger – Proudhon, cet homme terrible, dont les écrits portent le cachet d'une logique infernale, Proudhon sonde la profondeur de la plaie dans son *Spéculateur à la Bourse.* Il s'assied tout joyeux au chevet de la société malade et lui dit :

« — Tu vas mourir ! »

Oh ! croyez-le bien, l'heure est venue de lutter avec énergie, de lutter sans relâche !

Vous avez des yeux pour voir et des oreilles pour entendre ; ne vous faites point sourds, ne vous faites point aveugles.

Nous l'avons dit, et nous le répétons, il est temps que le fouet du moraliste cingle la face ignoble des boursiers, afin qu'on puisse les reconnaître aux sillons du coup de lanière et les montrer du doigt à la génération qui nous suit ; il est temps qu'on arrête cette odieuse complicité du journalisme, toujours prêt à offrir sa quatrième page aux agioteurs pour y étaler la glu de leurs promesses mensongères, pour y dresser leurs pièges audacieux.

On jette en avant une bourde quelconque sur les mines, sur l'exploitation des carrières, sur le crédit, sur le brouillard, sur le vent, sur la fumée, sur les nuages, puis on chauffe la commandite à grand renfort d'annonces.

Toutes les avidités s'éveillent au tintement métallique de la réclame. Les actions s'élèvent, le jeu de bascule commence ; le mensonge et les faux bruits servent d'auxiliaires.

Selon que ces oiseaux lugubres, dressés à obéir, volent à gauche ou volent à droite, les boursiers opèrent la baisse ou produisent la hausse.

Rien n'est plus simple, en un clin d'œil le tour est fait.

Les millions entrent dans leur poche, et Paris, confondu de surprise, reconnaît en équipage les bélîtres déguenillés qui, la veille encore, pataugeaient dans ses ruisseaux.

À ce spectacle inouï, la foule se démoralise.

Où est l'honnête ? où est le juste ? où est la dignité du travail ? où sont les fortunes patientes conquises par le labeur ? à quoi bon retourner la glèbe ingrate et semer des moissons qu'un ciel inclément se refusera peut-être à mûrir ? Pourquoi nous enfermer dans cet atelier sombre ? pourquoi nous courber sur ce registre ? Pourquoi l'assiduité, les veilles, la fatigue, les tâtonnements, l'incertitude ?

À la Bourse on s'enrichit en un jour, vive la Bourse !

Encore s'ils usaient noblement de ces fortunes si mal acquises !

Mais ils ne les rendent ni aux lettres, ni aux beaux-arts, ni à l'industrie probe, ni à l'aumône. Ils sont tous sans dignité, sans morale, sans foi, sans croyance, sans âme et sans cœur.

S'ils lâchent quelque chose du butin, ils le donnent aux passions, à la débauche, à l'ignominie.

Vous les voyez sacrifier à Comus.

Ils entretiennent Messaline.

Leur vocabulaire n'a que trois mots :

L'*argent*, le *ventre*, la *prostituée*.

Décidément cela doit finir !

Que tout ce qui est intelligence, que tout ce qui est esprit, que tout ce qui est sagesse et lumière nous vienne en aide.

Ne nous laissons pas écraser par cette puissance immonde, par ce dieu de boue et d'opprobre.

La France est le pays de l'honneur, des nobles instincts, des élans magnanimes. Reine du monde, elle ne déposera pas sa couronne sur l'autel du veau d'or.

Au lieu de l'activité commerciale et de l'agriculture, ces mamelles fécondes de la patrie, elle n'acceptera jamais pour ses enfants les tétines impures et sèches de l'agio et de la banqueroute.

La Bourse, ses abus et ses mystères, « Chez l'auteur », 1858, pp. 11-27.

Oscar de Vallée (1821-1892),
Vénalité et conflits d'intérêt

En publiant Les Manieurs d'argent *en 1857, Oscar de Vallée se situe, tout comme Jules Vallès, dans le sillage immédiat de Proudhon. Mais contrairement à ses prédécesseurs, Vallée n'est pas un « rebelle » : magistrat du Second Empire, plus tard sénateur de la IIIe République, son ouvrage sur la Bourse est apprécié par Napoléon III. Son réquisitoire a d'ailleurs des accents conservateurs lorsqu'il reproche à l'argent d'affaiblir l'esprit de religion ou le patriotisme.* Les Manieurs d'argent *recèle pourtant un puissant ressort critique, comme le montre l'introduction que Vallée écrit lors de la reparution de l'ouvrage en 1882 et que nous reproduisons. L'auteur ne s'effraie pas seulement d'une généralisation de la vénalité dans l'ensemble des mondes sociaux. Ce qui l'inquiète, plus fondamentalement, est que le désir d'argent brise les barrières entre ces mondes : celle séparant la politique du monde des affaires, par exemple, est devenue particulièrement poreuse. En montrant que, dans une société dominée par l'argent, le conflit d'intérêt menace sans cesse, Oscar de Vallée anticipe avec lucidité les grands scandales financiers qui vont jalonner l'actualité des décennies à venir.*

Janvier 1882.

Sous bien des rapports la France est devenue méconnaissable. Elle a longtemps, je ne dis pas exclusivement, mais avec un éclat particulier et une grandeur soutenue, représenté les nobles idées et les généreux sentiments qui déterminent la civilisation dans sa plus haute et dans sa véritable acception. C'est chez nous que le sentiment religieux a produit les plus belles œuvres et les plus belles actions ; c'est sous l'influence pénétrante de cette forte lumière que la barbarie a disparu, que le génie a éclaté dans toutes les branches de l'esprit humain et des arts, c'est elle qui a éveillé dans les âmes, et particulièrement dans l'âme de notre Jeanne d'Arc, cette passion de la patrie qui, à elle seule, renferme tant de beautés et maintient les peuples et les hommes à la hauteur où Dieu les aime et les protège. C'est d'elle aussi qu'est né ce foyer de générosité, d'abnégation, de dévouement, de respect, de poésie intérieure et extérieure qui a pris, dans notre histoire, plus que dans aucune autre, le nom si tendre, si pieux, si fraternel de chevalerie. Sans perdre ses droits légitimes, l'intérêt a eu longtemps, au sein de la société française, une place secondaire et subordonnée. Quand l'esprit religieux s'est affaibli par des causes où la conduite politique de l'Église a eu certainement sa part, l'honneur a rétabli l'équilibre.

On peut dire tout ce qu'on voudra de la vieille société française : au point de vue de la justice sociale, comme nous la concevons, elle créait et encourageait de graves et cruelles iniquités ; elle n'avait pas pour le peuple cet amour paternel, ni cette âme équitable, qui s'applique à corriger les inégalités et les injustices et travaille, comme à une tâche divine, à mettre dans les lois et à communiquer aux mœurs la justice et l'amitié. Mais il y régna, pendant un long espace de temps, un sentiment qui, sans remplacer le sentiment religieux, soutient encore une nation, la pare et lui imprime une noble direction. L'honneur a dans le cœur d'un peuple toute l'importance et tout l'éclat d'un véritable culte. Il échappe aux séductions et aux altérations que peut lui faire subir l'orgueil ou la vanité personnelle ; il a ses autels, son drapeau, son armée ; c'est « une île escarpée et sans bords ». Quand on relit notre histoire sans trop de prévention démocratique on trouve à son actif de grands effets et un ensemble de dignité sociale qui survit au milieu des écarts individuels.

Comme le sentiment religieux, son ancêtre, il a longtemps subi, sans céder, les assauts de la corruption pécuniaire.

Il a cédé au siècle dernier devant le tentateur Écossais. C'est Law [20] qui, le premier, a jeté dans la France, devenue irréligieuse, sensible encore à l'honneur, le goût dominateur de la richesse acquise par le jeu.

Ce jour-là, la France est devenue, comme la Rome dont parle Juvénal, une nation vouée à des appétits inférieurs, elle a renversé ses vieilles idoles, elle a miné sa monarchie, elle a avili sa noblesse, elle a inspiré au peuple le mépris de ce qu'il avait admiré et une soif qui devait s'accroître, avec la puissance

20. John Law (1671-1729), contrôleur général des finances sous la régence. Il tenta d'introduire en France le billet de banque et fut à l'origine en 1720 d'un des premiers grands krachs financiers de l'histoire.

populaire elle-même, de l'argent et des jouissances.

La Révolution a, pour un temps, déplacé cette corruption. De grandes pensées de justice sociale, d'équitables réformes, le besoin de défendre une patrie presque nouvelle, un mouvement politique d'abord régulier, puis violent, ont agité l'âme de la nation. Il y a quelque consolation à trouver, au milieu de tant et de si horribles excès, comme une colère morale et patriotique contre les agioteurs ; on édicta alors contre eux les peines les plus ostensibles et les plus flétrissantes.

Mais, la démocratie une fois installée dans sa puissance, la passion des richesses, des spéculations, du jeu, des fausses entreprises, reprit son cours et rien ne lui lit plus obstacle. Elle profita même des principes nouveaux, des victoires populaires, de l'avènement des classes moyennes au pouvoir politique, pour élargir son empire, étendre ses effets et descendre jusque dans le cœur du peuple.

L'histoire financière de la France, depuis plus d'un demi-siècle, reflète ses progrès, atteste sa force croissante et trahit douloureusement le rôle qu'elle a pris dans nos mœurs. Je ne crains pas de dire qu'elle a affaibli presque tous les nobles ressorts dont s'est composé longtemps le caractère français. Elle a pu, comme on le prétend, aider au développement du crédit et se confondre, au moins en apparence, avec l'accroissement de la richesse publique. Mais que de nobles idées elle a altérées ! J'y viendrai tout à l'heure.

Quand j'ai publié ce volume en 1857, le mal était déjà bien grand. La société, troublée par des agitations politiques sans cesse renaissantes, se reposait sous un gouvernement qui plaisait beaucoup plus à ses besoins de bien-être qu'aux ardeurs de son esprit et de son orgueil politique. Si elle avait eu, comme on le disait pour elle, un goût profond, sincère de la liberté politique définie et limitée, elle ne se serait pas précipitée, comme elle l'a fait, sous un régime d'apaisement et de sévérité. Quand on pénètre sans parti pris dans le fond de son cœur, on y trouve alors une grande indifférence dans toutes les choses morales, en religion, en politique, jusque dans le domaine de l'esprit et des lettres. Des hommes habiles, bons Français à leur manière, ennemis des abstractions et des théories, jugeant que le seul problème vraiment intéressant était de développer les richesses matérielles, poussèrent dans ce sens et d'une façon exclusive le génie si varié et si mobile de ce pays. On le précipita de ce côté avec cette *furia* qui avait fait, qui devait faire et qui fera toujours, espérons-le, des héros sur le champ de bataille ; car c'est là le génie, à la fois brillant et défectueux de notre patrie. On y aborde tout à la baïonnette : l'ennemi, les gouvernements qui ne nous conviennent pas ou qui ont cessé do nous convenir, les entreprises qui exigent de la réflexion et du temps, les spéculations financières et les jeux do bourse. Je n'ai jamais dit qu'au milieu de cette effervescence pécuniaire, l'intérêt du pays ne trouvât pas son compte dans des travaux largement conçus et promptement exécutés ; mais j'ai dit que la passion ardente des richesses et l'assaut livré par le jeu à ces richesses avaient, dès cette époque, et même avant, engendré des mœurs qui ne peuvent pas servir à la grandeur d'un pays. Hélas ! nous en avons fait la cruelle expérience. Je ne juge pas les causes politiques, militaires, accidentelles des affreux malheurs qui nous ont accablés ; mais on peut affirmer que, quand un peuple se laisse aller à cette passion dévorante des richesses facilement acquises, quand un grand nombre de citoyens regardent l'agiotage comme un bienfait, quand on voit s'élever sur le jeu des fortunes qui ont au respect la même prétention que les autres, quand surtout, parmi ceux qui ne jouent pas, beaucoup envient ceux qui ont gagné, les cœurs s'émoussent à ces beaux noms d'honneur, de patrie, de dévouement. Si, en dépit de tout cela, on aperçoit une noble et vaillante armée qui se défend héroïquement contre le nombre, d'admirables volontaires et de sublimes actions que la religion et le patriotisme engendrent, on s'imagine que la nation n'a rien perdu de ses vieilles qualités, de sa force morale et de son pouvoir de résistance. On se trompe ! les armées, si braves qu'elles soient, ne suffisent pas toujours à défendre un pays. Le génie d'un chef peut les rendre un moment invincibles, mais, pour moi, elles le sont surtout quand elles grandissent au milieu d'un peuple qui s'est habitué à ne rien mettre au-dessus de l'honneur et de la patrie. Je ne veux pas insister sur cette langueur morale qui nous avait atteints et à laquelle avait certainement contribué la recherche à tâtons des jouissances matérielles dans la spéculation.

Quand on a vu naître et s'établir une forme de gouvernement à laquelle les philosophes un peu rêveurs et les moralistes un peu naïfs ont donné pour base nécessaire la vertu, on a pu croire, au moins, que, dans le besoin de résurrection qu'avait ce pays, si cruellement blessé, on chercherait, ne fût-ce que par intérêt, à relever les forces morales en même temps que les autres : y a-t-on pensé seulement ? Je ne parle pas ici des résolutions individuelles, ni de ceux qui portent dans leur cœur le deuil de la France et qui y songent comme à une douleur qui se calme, sans jamais disparaître. Il y en a beaucoup. Mais qui oserait dire que c'est là l'image de la France, de toute la France ? Bien loin que l'enseignement de l'État qu'on a mis partout et jusque dans l'intimité de nos foyers, ait dit au peuple : « Il y a bien des choses au-dessus de la richesse, du luxe et des plaisirs qui doivent fixer le cœur des citoyens et remplir leur esprit, » on l'a d'abord poussé à l'irréligion avec une incroyable violence et des procédés qui n'ont rien à voir avec la liberté.

Croit-on qu'on puisse impunément communiquer à une nation le dédain, sinon le mépris, de la religion, de toute religion, sans lui communiquer, en même temps, le désir irrésistible de toutes les jouissances et la recherche impatiente des instruments qui les procurent ? Le Dieu qui commande de porter son ambition sur la grandeur et sur la perfection de son âme n'est plus qu'un Platon incommode. La matière le réfute en le niant, et, maîtresse du terrain, elle remplace la dignité de la vie par cette obéissance au corps qui avilissait les Romains dont parle Salluste. Il s'en faut de bien peu que le matérialisme ne soit devenu une doctrine d'État. On la soutient dans les journaux, on la prépare dans les écoles, elle a eu les honneurs de la tribune et le spiritualisme, quand la religion paraîtra vaincue, prendra sa place, c'est à lui qu'on dira : « Voilà l'ennemi ! » Avec de telles idées auxquelles la démocratie semble avoir prêté sa puissance, on efface aisément de l'âme du peuple les aspirations généreuses et les sentiments élevés. On lui persuade que l'honneur est une affaire do convention et d'élégance, que la probité ne donne aucun plaisir, et que le but de la vie, suivant toutes les démonstrations scientifiques, est la jouissance. On ne lui crie plus, au milieu des épreuves inévitables de ce monde : « Élève ton cœur, *sursum corda !* » Mais on lui dit : « Il faut s'enrichir à tout prix et béatifier son corps. » Est-ce là de la déclamation ? N'est-ce pas la vérité ? Oui, c'est bien ainsi qu'a été préparé et agrandi le terrain où la spéculation et l'amour des richesses se sont installés avec une sorte d'approbation générale et comme une principauté légitime, consacrée et définitive.

Depuis longtemps, les manieurs d'argent ne trouvent plus de frein ni dans la religion, ni dans les enseignements accrédités de la morale, ni dans la contradiction de la puissance publique, ni dans la sévérité des jugements privés. S'il y a çà et là des individus et des groupes qui leur refusent la considération, ils ne s'y arrêtent pas ou ils les font mettre au théâtre comme étant d'un monde où l'on s'ennuie. Devant eux, il n'y a plus de barrière que la ruine, quand ils ont mal joué, ou qu'ils ont rencontré des joueurs plus habiles qu'eux-mêmes. Ils ont tout pour eux : la nouvelle philosophie, la mode, le consentement démocratique, l'importance. Ils ont même secoué le joug de la politique, qui, autrefois, gênait un peu leurs mouvements et leur liberté. La matière sur laquelle ils opèrent s'est singulièrement accrue. Le travail et l'épargne ont développé la richesse de la France, on a pris goût à la fortune mobilière, les paysans eux-mêmes ont conçu pour elle un peu de cet amour exclusif qu'ils avaient pour la terre, de même qu'ils abandonnent, plus que jamais, nos campagnes pour les plaisirs supposés des villes, de même ils trouvent que des actions et des obligations n'exigent pas l'assiduité ni le rude labeur des champs.

Autrefois, un habile et sage ministre, le baron Louis, disait : « Faites-moi de bonne politique, je vous ferai de bonnes finances. » – Aujourd'hui la Bourse, dit : « Faites la politique que vous voudrez : la spéculation ne s'en inquiète pas ; elle a si habilement et si puissamment établi son empire, elle a provoqué et rencontré un tel concours dans les entraînements du public, qu'elle défie jusqu'à la plus inquiétante politique. » À la faveur de toutes ces causes, nous avons vu naître une singulière quantité d'établissements qui ont été les agents de cette folie ; ils avaient plus besoin, pour ce qu'ils se proposaient, d'instruments de publicité que de ressources réelles. Ils en ont trouvé partout ; et ces instruments de publicité ont joué dans l'agiotage un rôle qui se concilie, dit-on, avec ce qu'on appelait autrefois la liberté et la dignité de la presse. Ces établissements ont promis partout des gains et des primes ; ils en ont donné quelquefois, mais, le plus souvent, les promesses ont été mensongères et les petits capitaux ont passé dans les mains de ces exacteurs d'un nouveau genre. – Jadis la dignité et les mœurs politiques tenaient les hommes publics éloignés de ces entreprises. Il y avait une incompatibilité d'honneur, sinon de droit, entre la participation au gouvernement des intérêts publics et le maniement des affaires de Bourse. Tout cela a changé sans que l'opinion s'en soit émue, sans que le peuple, qui demande en théorie tant de vertus à ceux qui le représentent, y ait fait le moindre obstacle, soit par ses jugements, soit par ses suffrages. Alors on a mis dans les conseils d'administration des hommes qui devaient provoquer la confiance privée puisqu'ils avaient obtenu la confiance publique. Beaucoup y sont entrés, sans doute avec bonne foi, croyant servir des entreprises utiles et décidés à y apporter leur savoir, leur expérience, leur honneur ; mais combien, hélas ! se sont trompés ! Les manieurs d'argent savent toujours ce qu'ils font ; avec des noms obscurs, ils n'arriveraient pas aisément à des primes suffisantes ; avec des noms rassurants, honorables, puissants sur l'opinion et sur la crédulité, ils parviennent à créer sur des riens des succès momentanés dont ils profitent, eux et leurs amis, et qui se changent assez vite, au préjudice de la foule, en ruine, en misère et en désespoir.

Au lieu de réprimer la passion du jeu, d'y travailler du moins, on a, de toutes parts, encouragé et excité cette passion. Quoi qu'on en dise, la loterie a été abolie par des raisons de sage politique autant que de morale. Cela n'a pas empêché qu'on ait récemment autorisé, même sans l'intervention des chambres, un établissement financier à émettre pour près de deux milliards d'obligations à lots, c'est-à-dire avec toutes les séductions de la loterie. On a ainsi fait entrer dans des caisses privilégiées des sommes énormes tirées en fin de compte des petites bourses ; de plus, on a éveillé, aiguisé, surexcité le goût des bénéfices sans cause et des gains dus au hasard.

En même temps, on a laissé violer le Code de commerce et le Code pénal, sous le prétexte que ces codes ne se prêtaient pas à l'élasticité nécessaire et au mouvement irrésistible de la spéculation ; on a laissé des officiers publics libres de rendre par leur intermédiaire le jeu plus facile qu'une opération sérieuse ; on n'a songé ni à les avertir, ni à les modérer, ni à leur rappeler la sagesse de la loi qui veillait à la fois à la moralité publique et à leur propre intérêt : je l'ai dit il y a longtemps, et j'ai bien le droit de le répéter aujourd'hui : si on parvient à démontrer qu'il est profitable au crédit public, à la richesse non apparente, mais réelle de la France, que la spéculation ait toute la liberté du jeu, qu'on la lui donne franchement, sans détours, en sacrifiant une idée morale à un avantage matériel. Les doctrines utilitaires ont jusqu'ici gagné assez de terrain pour que beaucoup de consciences l'acceptent, l'approuvent ou l'excusent. De même, si on justifie devant la raison financière, élevée à la hauteur de la raison d'État, que des officiers publics privilégiés, collaborateurs de l'autorité publique elle-même, doivent être les notaires indépendants de tous les jeux, de toutes les spéculations, de tous les trafics, des hausses factices, des baisses préparées comme des mines et que les forts font éclater sous les pas des faibles, qu'on le proclame, qu'on supprime les lois existantes ! Sinon, il ne faut pas se lasser de demander qu'on applique ces lois, qu'on les complète et qu'on les fortifie. J'entends dire depuis bien longtemps que c'est impossible.

À qui fera-t-on croire qu'un magistrat, digne de ce nom, serait embarrassé pour découvrir, constater et punir les moyens à l'aide desquels on élève en quelques semaines une valeur, dont les produits sont limités et stationnaires, à un chiffre sans aucun rapport avec la réalité ?

Qu'y a-t-il d'embarrassant à appliquer l'article 419 du Code pénal à une coalition formée pour amener une baisse exagérée, et factice au même titre que la hausse ? La vérité est que tout le monde a désarmé devant une passion dont l'intensité semble s'accroître avec une plus grande aisance générale et avec ce qu'on appelle la marche ascendante et progressive de la démocratie. En 1720, le peuple a été le témoin des excès qu'elle a engendrés ! Est-il bien sûr qu'aujourd'hui il n'en soit pas le complice en même temps qu'il en est la victime ?

Ce qui est malheureusement certain, et, c'est là surtout ce que je veux dire, c'est que cette passion cause un mal incalculable ; elle s'est incontestablement, dans l'histoire, mêlée à la décadence des nations, et rien n'a plus qu'elle activé dans tous les sens cette décadence.

Elle a eu dans Rome la puissance d'un Dieu, et, sans recourir à sa mordante hyperbole, Juvénal a pu appeler cette puissance : « la Sainte Majesté des richesses ». Les véritables historiens y voient avec raison la source principale de la corruption générale où a péri la République.

Je n'ai pas à insister sur les maux individuels que l'agiotage traîne avec lui. Ils sévissent en ce moment avec une violence qui ne laisse rien à dire. C'est là d'ailleurs un sujet de peintures qui conviennent au théâtre et qui y ont été mises, mais jamais, ce me semble, avec l'ampleur que comporterait un tableau pris aujourd'hui sur le vif. – C'est la plaie sociale qui m'épouvante et c'est sur elle que j'essaie de fixer de nouveau l'attention de tous ceux qui aiment la France et qui n'ont pas renoncé à sa grandeur morale. Les désordres politiques peuvent troubler une nation, diminuer sa force, gêner sa prospérité, y amoindrir les caractères, étouffer momentanément des droits et des libertés. En général, ils ne descendent pas aussi bas que les désordres dont il s'agit ici.

Comment veut-on maintenir le respect de la propriété, par exemple, dans l'âme de ceux qui vivent de leur travail, devant une fortune faite d'agiotage ? Je le demande aux philosophes et aux jurisconsultes. Ce caractère sacré de la propriété que nous proclamons partout est-il là assez visible pour frapper tous les yeux ? Y a-t-il dans ces formidables rencontres de la hausse et de la baisse un atome de cet amour du prochain qui est, suivant l'Écriture, « l'accomplissement de la loi ? »

Quelqu'un qui mêlerait à ce bruit d'argent le nom de Patrie serait-il seulement entendu ? Si, du moins, on pouvait dire : « C'est une plaie locale et limitée qui ne gagnera jamais tout le cœur de la France ; » mais qui oserait l'affirmer ?

Il est trop certain que le mal a beaucoup augmenté depuis quelques années, les lois et les mœurs lui cèdent de toutes parts. On assure qu'il s'est fait ouvrir dernièrement des portes qui ne devraient conduire qu'à la bienfaisance et à la charité. Il recrute parmi les femmes et parmi les soldats. Il menace et déjà il étreint ce qui est la consolation et l'espoir des peuples affaiblis et vaincus, la jeunesse, ce printemps de la Patrie. Nous devions croire que, si la lassitude et le découragement nous avaient envahis, nos fils, l'œil fixé sur nos défaites, n'auraient d'autre idée que de devenir des hommes, et voici que la politique les trouble et que l'amour de l'argent et du jeu les dépouille de ce qui fait leur beauté et de ce qui faisait notre espoir.

On a dit que, dans nos dernières épreuves, c'était le maître d'école qui nous avait vaincus, c'est-à-dire la science, l'instruction, la méthode, la discipline ; tout n'est pas vrai dans cette parole. Mais il est vrai que, si la jeunesse d'une nation, surtout d'une nation malheureuse, préfère le bruit de la Bourse au bruit des armes, si elle met au-dessous de la richesse et des plaisirs ce qui est contenu dans les mots de Dieu, de devoir et de patrie, on suit le chemin qui descend et non celui qui remonte. L'histoire le raconte avec une effrayante précision. Puisse Dieu nous aider à la contredire !

Les manieurs d'argent, études historiques et morales 1720-1882, avec une nouvelle introduction, Paris, Calmann-Lévy, 1882, p. I-XXVI.

Hubertine Auclert (1848-1914),
L'argent, instrument de la domination masculine

L'argent fou ne s'arrête pas aux portes des foyers. Si les attaques les plus courantes contre lui sont dirigées vers le monde de la finance ou les grandes entreprises, la question du partage équitable se pose aussi, et depuis longtemps, au sein des ménages. Dès que les femmes ont commencé à demander leur autonomie, elles ont parlé d'argent.

Hubertine Auclert est une pionnière. À la fin du XIXe *siècle, elle se distingue des ligues naissantes de défense des femmes par des positions radicales et des actions spectaculaires. Elle exige l'égalité dans tous les domaines, y compris celui du travail et du salaire, et lutte avec acharnement pour le droit de vote des femmes et contre le code de la famille napoléonien. Elle doit d'ailleurs sa célébrité à ses irruptions dans les salles de mariage pour conspuer l'article 213 du code civil imposant l'obéissance de la femme à son époux.*

Cette « suffragette » réfléchit très précisément à l'oppression des femmes par l'argent, aussi bien sur le plan politique – en 1880 elle refuse de payer ses impôts, déclarant que les hommes doivent avoir le privilège de payer les taxes qu'ils ont le privilège de décider – que domestique, s'en prenant à l'état de mineur imposé à la femme mariée. À partir de 1884, elle milite pour l'institution d'un régime de séparation de biens, qui permettrait aux femmes mariées de disposer librement de leur propre argent.

Les textes que nous publions ici sont tous trois extraits de La Citoyenne, *journal fondé par Hubertine Auclert en 1881. Le premier dénonce la grande injustice de « l'État autocratique masculin » : les hommes gèrent seuls les budgets publics alors que les femmes y contribuent pour moitié. Ils privilégient les dépenses qui les concernent, et en ce sens, volent « la collectivité des femmes ».*

C'est la dépendance économique des femmes et ses conséquences qui sont l'objet du deuxième article : « la femme ne mange pas à sa faim ». Rien n'oblige les maris à partager équitablement, quand ils n'abandonnent pas purement et simplement leur famille.

Le dernier texte fustige le code Napoléon, qui fait de la femme mariée une mineure indigente, obligée « de s'humilier jusqu'à tendre la main à son mari ». Il pervertit les hommes comme les femmes : les premiers se transforment en chasseurs de dot, les secondes achètent leur mari. L'égalité et l'indépendance économiques de chaque sexe sont les conditions de l'amour véritable.

Un homme me disait naïvement ces jours-ci : « Quelle drôle d'idée avez-vous de demander à contrôler le budget de l'État ? » Étant au courant des habitudes de ce monsieur : « Quelle idée avez-vous, vous-même, lui répartis-je, de contrôler le budget de votre maison ? »

« Euh ! euh ! fit-il, c'est que je me méfie ; ma cuisinière fait danser l'anse du panier. »

Eh bien ! les femmes veulent contrôler les dépenses publiques parce qu'elles savent, elles aussi, que les hommes font danser l'anse du panier de l'État.

Nous additionnerons les petites sommes qui sont allouées aux femmes dans chaque budget, nous les mettrons en regard des grosses sommes que les hommes s'attribuent. Les chiffres sont éloquents ; ils prouveront mieux que des mots que nous avons raison de nous méfier.

Quand des hommes et des femmes apportent la même mise de fonds, s'associent pour une exploitation industrielle et commerciale, chacun, quel que soit son sexe, a la même part proportionnelle de bénéfices. Les hommes et les femmes, associés pour payer leur quote-part des dépenses de l'État doivent retirer de l'association les mêmes avantages, exercer les mêmes droits de contrôle. Les hommes ne doivent pas, parce qu'ils ont la barbe, posséder seuls, la clef du trésor commun et ainsi que des caissiers infidèles s'approprier l'argent dont ils ont la garde.

Si dans notre société, un particulier ne peut nuitamment, voler son semblable sous peine d'être emprisonné, la collectivité des hommes ne peut au grand jour, avec la force de la loi pour accomplir son larcin voler la collectivité des femmes.

On n'a pas idée d'un associé, – je ne parle pas d'un mari, – mais d'un individu quelconque qui dirait à une femme avec laquelle il possède une propriété, une maison indivise : « Mettons chacun tant d'argent pour entretenir notre maison. » Si la femme y consentait et que malgré son argent déboursé, elle continuait à voir le côté de la maison à elle réservé, usé, décrépit, et celui de son voisin, embelli, restauré avec ses deniers, cette femme dirait : « mon associé me vole » ; elle en saisirait la justice et naturellement le larron passerait en police correctionnelle.

L'État autocratique masculin représente ce larron. Les femmes, la personne dupée, et plus malheureuses que la copropriétaire de la maison, elles ne peuvent se plaindre efficacement, car partout, dans l'organisation sociale, elles rencontrent des hommes, c'est-à-dire des gens qui participent au larcin dont elles sont victimes, qui en bénéficient.

Les femmes veulent contrôler et répartir les budgets, parce qu'elles n'ont pas foi dans la délicatesse des hommes pour le faire équitablement.

Les femmes veulent contrôler les budgets :

Premièrement, pour ne pas être volées, pour ne pas voir leur argent passer de leur poche dans celle de leurs oppresseurs, les hommes ;

Deuxièmement, pour ne pas être ruinées par la dilapidation et le désordre des hommes ;

Troisièmement, pour faire à l'aide des sacrifices et de l'effort que chacun apporte au trésor public, le bien-être de tous.

Avec le régime du droit masculin (gouvernement des hommes), c'est aux hommes habiles et fortunés que vont les attributions, les bénéfices de tous. Avec le régime du droit humain (gouvernement des femmes et des hommes) la richesse publique formée des deniers de tous serait répartie également sur tous.

La femme apportant dans la gestion des affaires publiques ses aptitudes maternelles, elle aurait pour les infortunés, dans l'État, de même qu'elle a pour les enfants débiles dans la famille, tous les soins, toutes les attentions.

On vante l'esprit d'ordre et de détail des femmes. On dit que personne mieux qu'elles, ne sait équilibrer les recettes et les dépenses du ménage. Qu'est-ce donc, en définitive que l'État, sinon un grand ménage à administrer ? Il faut que les femmes apportent dans le grand ménage national leur savoir méticuleux : elles y feront entrer l'ordre, l'économie ; elles veilleront à ce que le superflu n'ait pas, comme maintenant, le pas sur le nécessaire. Avec elles le bien-être pénétrera l'État, comme avec elles le bien-être pénètre dans la maison.

La femme ménagère nationale mettra bien plus d'humanité que de gloriole dans sa fonction ; elle empêchera la dilapidation de nos deniers, elle supprimera certains impôts qui hypothèquent la vie du pauvre, elle fera transporter gratuitement les objets de consommation, elle les fera vendre francs de toute taxe, francs de toute spéculation.

Tout va de mal en pis dans la commune et dans l'État, avec le seul gouvernement des hommes. L'excès des maux spéciaux, exige de grands remèdes.

La preuve que l'homme a donnée de son impuissance et de son incompétence en matière de régénération sociale, rend urgent l'appel des femmes au gouvernement.

« Pourquoi les femmes veulent contrôler les budgets ? », *La Citoyenne*, 5 juin 1881.

Dans notre société moderne, les hommes sont en même temps que les monopoleurs du droit, les monopoleurs du travail, source de toute richesse. Le travail facile et bien rétribué est accaparé par les hommes. Il y a plus : non contents de se partager les sinécures, les places et les emplois faciles qu'ils font payer pour leur quote-part aux femmes, les hommes s'attribuent encore, par le mariage, la fortune ou le salaire des femmes.

Et les ayant ainsi complètement dépourvues de droits et complètement dépourvues d'argent, ils ont fait des femmes des créatures livrées à leur merci.

Un mari a toujours ces deux agents à son service contre sa femme : la tyrannie de la loi, la force armée et les exigences de l'estomac, la faim !

Dans cette fâcheuse situation, les femmes crient misère ; alors les hommes répondent en chœur que le meilleur moyen d'améliorer la condition matérielle des femmes, est d'améliorer la condition matérielle des hommes, car naturellement les femmes doivent tenir d'eux leur subsistance et rester à vaquer aux affaires domestiques.

Cette besogne nécessaire à l'économie générale n'est malheureusement guère productive pour la femme. La femme mariée ne trouve pas dans les soins qu'elle donne à son intérieur l'indépendance économique ; et les femmes qui n'ont pas de maris pour les nourrir, les femmes célibataires et les veuves, ont beau laver leur parquet et cirer leurs meubles, ça ne fait pas venir le pain à la maison.

Je sais bien qu'on objecte que l'état de veuve et l'état de fille est anormal, que la femme est faite pour se marier. Il y a beaucoup à dire là-dessus. D'ailleurs, selon nous, la femme même pourvue d'un nourrisseur, n'est pas assurée contre la faim et le dénuement : nous en avons la preuve dans ce simple fait divers.

Une femme nommée Ida Corcelle s'est présentée accompagnée de ses cinq enfants au poste du Père-Lachaise. Le mari de Mme Corcelle l'a abandonnée et elle ne peut gagner de quoi élever sa famille.

Voilà donc une femme, qui, bien qu'ayant un nourrisseur, et un nourrisseur vivant, ne peut pas compter sur lui pour subvenir à ses besoins et à ceux de ses cinq enfants.

Les cas semblables de femmes abandonnées par leurs maris ne sont pas rares, mais, le plus souvent, par un sentiment de pudeur, on les dérobe à la curiosité publique.

Pour qu'une femme vienne dire à la société : « l'homme qui avait juré devant M. le maire, de me loger, de me vêtir, de me nourrir, est parjure à sa promesse, il s'est enfui », il faut qu'elle sente peser sur ses épaules un fardeau incapable à porter, même en rampant.

Si Mme Corcelle avait pu, en travaillant nuit et jour, nourrir ses cinq enfants, elle n'aurait jamais prié la société de lui venir en aide.

Les exemples fréquents, de femmes abandonnées par leurs maris, ou de femmes pourvues de maris fainéants, qu'elles sont obligées de nourrir, devraient ouvrir les yeux à ceux qui prétendent que le mariage est une ressource alimentaire offerte à la femme et qui partent de là pour tourner en dérision les travaux qu'elle fait, en les rétribuant au centième de leur valeur.

Au rebours de ce qui est admis, nous faisons passer, nous, l'indépendance économique de la femme avant l'indépendance économique de l'homme.

L'homme se tirera toujours d'affaire ; il est seul dans la vie ; tandis que la femme a la charge naturelle de la famille ; la femme a en outre de la responsabilité de sa vie matérielle, la responsabilité de la vie matérielle de l'enfant.

L'indépendance économique de la femme doit passer avant celle de l'homme, parce qu'aussitôt que la femme aura quelque chose, l'enfant ne manquera de rien.

De l'indépendance économique de la femme enfin dépendent la sécurité sociale économique et l'amélioration physique et intellectuelle de la race.

Peu d'enfants naissent complètement équilibrés ; la plupart sont chétifs, atrophiés au physique et au moral ; cela vient de ce que les femmes, les mères s'imposent trop de privations. Dans notre société, il faut bien le dire, la femme ne mange pas à sa faim ! Il n'est donc pas étonnant qu'elle se débilite, qu'elle perde avec sa santé, la santé de la génération.

Il vaut cent fois mieux pour les femmes travailler que de se priver, c'est chose difficile puisque les hommes ont pris leur ouvrage. À Paris seulement les hommes sont plus de trente mille à vendre des gants, des dentelles et des rubans.

Dans l'industrie ils ont accaparé la fabrique de corsets, des portefeuilles, des robes, des fleurs, voire même des chapeaux de femmes. Qu'à leur tour, les femmes envahissent les professions dans lesquelles les hommes se sont cantonnés comme dans des châteaux forts. Si les hommes se les sont exclusivement attribuées c'est qu'elles sont plus avantageuses que les autres.

L'envahissement par les femmes de métiers et d'industries absorbés par les hommes, aura pour le premier résultat d'augmenter les salaires des femmes en désencombrant certaines professions comme la couture et la lingerie où toutes les femmes se jettent parce qu'elles savent d'instinct tenir une aiguille. Le trop plein de ces professions étant déversé dans d'autres corps d'état, la main-d'œuvre s'y élèvera sensiblement vu qu'il y aura la même quantité de vêtements à confectionner et beaucoup moins d'ouvrières disposées à travailler à vil prix plutôt que de mourir en restant inactives.

« La situation économique des femmes », *La Citoyenne*, 24 juillet 1881.

La femme, en apportant autant et souvent même plus que l'homme à la communauté, n'a non seulement pas droit sur les biens mis en commun par son mari, mais elle perd même le droit de disposer de ses biens propres.

Est-ce parce qu'elle est femme ?

Non, puisque la femme qui s'associe avec un homme pour exploiter une industrie quelconque a légalement autant de droit que son associé sur cette industrie.

C'est parce qu'elle est mariée, c'est-à-dire tombée sous le coup de l'incapacité légale ; que la femme ne peut ni jouir, ni disposer des biens de la terre. On craint qu'elle en mésuse, et pour l'empêcher d'en mésuser, on la prive d'en user.

La Révolution elle-même, qui cependant avait fait du mariage une libre convention, ne se souciait pas d'admettre l'égalité des époux sur les biens communs.

C'est grâce à l'énergie et au talent de Danton et de Camille Desmoulins que le projet de code de la Convention porte à l'article 11 du titre III : « Les époux ont ou exercent un droit égal pour l'administration de leurs biens », et à l'article 12 : « Tout acte important, vente, engagement ou hypothèque sur les biens de l'un ou de l'autre, n'est valable que s'il est consenti par l'un et l'autre des époux ».

Le code de la Convention était rationnel, tandis que le code Napoléon [21] fait du mariage une association ayant pour base l'inégalité des associés.

Si, dès les premiers jours de vie commune, la femme n'a pas le caractère de se mettre, malgré la loi, sur le pied de l'égalité avec l'homme, elle sera, toute sa vie, victime de la tyrannie maritale.

Dès que l'homme a épousé, il considère si bien la fortune ou le produit du travail de la femme comme siens, qu'il les fait naturellement servir à son plaisir ou à ses goûts thésaurisateurs.

Sous le régime de la communauté, la femme, même riche, est réduite à une si complète indigence qu'elle est obligée, pour recevoir quelques pièces de monnaie (sa monnaie à elle), de s'humilier jusqu'à tendre la main à son mari.

Sous ce beau régime, le mari administre seul les propriétés immobilières même quand ces propriétés auraient été mises dans la communauté par la femme. Quant à l'argent et aux revenus qui sont dans l'association, – cet argent et ces revenus appartiendraient-ils à la femme, – le mari en disposera d'une façon absolue. Il a le pouvoir de les distraire de la communauté, et de les donner à qui lui plaît. – À ses maîtresses par exemple.

Le mari, dit le savant jurisconsulte Acollas [22], gouverne autocratiquement, la communauté, il peut la ruiner si bon lui semble et comme bon lui semble.

À notre époque, il est d'autant plus facile aux maris de ruiner leur femme que la fortune apportée en dot est presque toujours mobilière, c'est-à-dire de l'espèce dont le mari peut disposer absolument.

Le régime de la communauté, si bien à l'avantage de l'homme, est le contrat le plus adopté en France.

Il subalternise, il humilie, il appauvrit la femme, pendant qu'il glorifie et enrichit l'homme.

Chaque mariage conclu sous ce régime ouvre l'ère à une nouvelle autocratie. Or, de même qu'un roi aime mieux régner sur un peuple riche que sur un

21. Le code Napoléon en 1804 stipule à l'article 1124 que « les personnes privées de droits juridiques sont les mineurs, les femmes mariées, les criminels et les débiles mentaux ». Les femmes mariées n'ont pas le droit de signer un contrat, de gérer leurs biens, de travailler sans l'autorisation du mari, de toucher elles-mêmes leur salaire. Elles n'ont aucun droit politique.

22. Émile Accolas (1826-1891), juriste français, républicain radical. En 1866 il participa à la formation d'un comité d'études ayant pour but la refonte de la législation civile française, prônant notamment le divorce, l'égalité entre les époux ou l'élévation de l'âge du mariage à 21 ans pour l'homme et 18 ans pour la femme.

peuple pauvre, un homme aime mieux régner sur une femme riche que sur une femme pauvre : de là, cette chasse à la dot qui entraîne les jeunes gens les plus honnêtes.

Avec les besoins, de plus en plus impérieux, de notre société moderne, il faut être riche ; et comme il est long et difficile de s'enrichir par le travail, on a recours à un autre moyen : ce moyen, pour les hommes, c'est de se marier.

Le mariage est devenu une des plus avantageuses spéculations de notre époque : le futur roi de la communauté ne regarde pas la femme, il ne s'occupe que de la fortune qu'elle représente, car ce n'est pas une union qu'il rêve, c'est une affaire qu'il conclut.

Si l'affaire est avantageuse, le cœur et le goût auront leur satisfaction aussi. La fortune n'ouvre-t-elle pas la porte à toutes les jouissances ? L'argent de la femme légitime paiera au mari des courtisanes. Ainsi, la femme riche achète un mari, l'homme qui s'est vendu pour s'enrichir achète une maîtresse et, en vérité, je ne sais lequel des trois est le plus heureux, et dans l'état, le plus moral.

Quand les jeunes gens sauront que les femmes dotées qu'ils recherchent en mariage conserveront leurs droits de propriétaires sur les biens qu'elles apportent dans la communauté ; quand ils sauront qu'ils ne peuvent rien distraire de la fortune de leur femme sans son consentement, ils verront à s'unir non à une dot, mais à une femme qu'ils aiment. Ce sera à la fois plus moral et plus économique, puisque, à ce qu'il paraît, le cœur n'abdique pas.

« Les contrats de mariage », *La Citoyenne*, 5-11 décembre 1881.

Jules Guesde (1845-1922),
Contre l'oppression des femmes par l'argent

Si Hubertine Auclert s'était rapprochée des socialistes à la fin des années 1870, le mouvement syndical français, comme le mouvement socialiste, a longtemps eu du mal à s'intéresser à la cause des femmes. Au mieux, ces dernières sont considérées comme devant être protégées ; au pire, comme de dangereuses concurrentes, acceptant des salaires inférieurs à ceux des hommes. Dans tous les cas, leur travail n'est pas encouragé, et la situation perçue comme « normale » est celle d'une femme mariée vivant du salaire de son mari. Le 10e congrès national corporatif, qui réunit la plupart des organisations syndicales de l'époque, s'est tenu à Rennes à la fin du mois de septembre 1898. La commission sur le travail des femmes dans l'industrie a adopté des résolutions qui visent à « propager cette idée que l'homme doit nourrir la femme ». Seules les veuves et les filles devraient travailler... En outre, pour protéger la femme des difficultés de l'industrie et des vices de certaines professions comme les travaux dans des cafés et brasseries, la commission considère qu'il faudrait mettre en place une surveillance rapprochée et surtout que les branches d'emplois féminins et masculins soient bien distinguées afin qu'il n'y ait pas de concurrence entre les sexes.

Une semaine après l'adoption de ces résolutions, Jules Guesde, alors dirigeant du parti ouvrier français qu'il a fondé en 1879 avec Paul Lafargue, et qui adopta toujours une ligne radicale contre les réformistes, publie le texte suivant, qui fait preuve d'un progressisme à contre-courant. Il considère que si les socialistes luttent contre l'oppression de l'argent, ce combat doit concerner aussi l'oppression financière à l'intérieur des foyers. Il n'est plus possible de condamner la femme à choisir d'être « courtisane ou ménagère ».

Parmi les résolutions adoptées à l'unanimité par le Congrès syndical de Rennes, il en est une, celle de la Commission du travail des femmes dans l'industrie, qu'il est impossible de laisser passer sans protestation au nom même de la France ouvrière.

Sans demander positivement que la femme soit exclue des usines, fabriques et ateliers de toutes sortes, que le champ du travail économique lui soit interdit – ce qui, dans les conditions présentes, équivaudrait à la mort industrielle – le Congrès entend le limiter à la femme, « fille ou veuve, obligée par conséquent de subvenir à ses besoins », et il ajoute :

« Dans tous les milieux, nous devons nous efforcer de propager cette idée que **l'homme doit nourrir la femme**. »

On ne tenait pas un autre langage en 1876, au premier Congrès ouvrier de la salle d'Arras, où, après avoir déclaré que

« l'homme étant le plus fort et le plus robuste doit gagner de quoi pourvoir aux frais du ménage »

les délégués étaient unanimes à qualifier de « regrettable » le travail des femmes et à répéter, après M. Prud'homme, que « la véritable place de la femme est au foyer ».

Mais autant alors, au début du mouvement, lorsqu'étaient encore à découvrir, par notre prolétariat embourgeoisé, les causes profondes de la misère et les moyens de la faire disparaître, une pareille erreur était explicable, je ne dis même pas excusable, autant aujourd'hui, après vingt-deux années de socialisme coulant à plein bord, a-t-on lieu d'être stupéfait d'une récidive qui ne saurait être évidemment qu'accidentelle.

Non, quelque supériorité de force que l'on suppose à l'homme, et quelque rémunérateur que puisse devenir son travail, il n'est pas possible de condamner la femme à se faire entretenir par lui. Moins que personne, les ouvriers à qui leur émancipation civile et politique a permis de mesurer le mensonge de toute émancipation non économique, peuvent vouloir éterniser la subordination économique d'un sexe à l'autre. Ce serait vouloir faire de la femme le *prolétaire* de l'homme, sans compter que toute dignité se trouverait du même coup enlevée à des rapports sexuels sans liberté.

La raison du joug qui pèse sur la classe laborieuse et qu'elle cherche de plus en plus à secouer, est tout entière dans ce fait que les moyens de production – et par suite les produits – se trouvent concentrés dans les mains d'une partie de la société qui dispose ainsi de la vie de l'autre partie. En conséquence de cette monopolisation des biens économiques ou des richesses, il faut à la majorité non possédante passer par tous les caprices de la minorité propriétaire, sans laquelle et contre laquelle aucune existence n'est possible.

Or, étant admis que l'homme seul doive produire, étant donné que ce soit lui qui subvienne aux besoins de la femme, à son entretien, qui ne voit que cette dernière se trouvera vis-à-vis de lui dans la même situation inférieure, dans la même dépendance que le travailleur actuel vis-à-vis du capitaliste ?

Elle n'existera plus que conditionnellement *dans la mesure qui plaira à l'homme* – ou, ce qui ne vaut pas mieux, *dans la mesure où elle lui plaira.*

« Courtisane ou ménagère ! » rien de moins conforme à la vérité que ce fameux dilemme du *sophisme fait homme, P.-J. Proudhon.* Si la femme est forcément ménagère, ne peut subsister en dehors du ménage, elle sera nécessairement courtisane, ce qui constitue la prostitution – disons le mot – étant la subordination des rapports sexuels à des conditions étrangères, à des fins économiques.

Le travailleur ne saurait donc, sans se rendre coupable à l'égard d'une moitié de l'humanité du déni de justice qu'il reproche avec raison à la bourgeoisie, limiter en quoi que ce soit le droit qui appartient à la femme, comme à tout être humain, de vivre en travaillant sans rien devoir à personne.

Non, la place de la femme n'est pas plus au foyer qu'ailleurs. Comme celle de l'homme, elle est partout, partout où son activité peut et veut s'employer. Pourquoi, à quel titre l'enfermer, la parquer dans son sexe, transformé – qu'on le veuille ou non – en profession, pour ne pas dire en métier ? L'homme aussi, lui, a des fonctions qui répondent à son sexe ; il est mari et père, ce qui ne l'empêche pas d'être médecin, artiste, ouvrier de la main ou du cerveau. Pourquoi, à quel titre – si épouse et mère qu'on la veuille – pour ne pas parler de celles qui ne sont ni l'une ni l'autre – la femme ne pourrait-elle pas, elle aussi, se manifester socialement sous la forme qui lui convient ?

Le mal n'est pas dans le travail, même industriel, de la femme, mais dans le prélèvement, dans la *dîme* capitaliste dont le travail féminin, comme et plus que le travail masculin, est aujourd'hui l'objet. Il est encore dans les entraves mises par les mœurs autant que par les lois à l'action sociale de la femme.

Assurer à la femme comme à l'homme le développement intégral et la libre application de ses facultés. Assurer d'autre part aux travailleurs sans distinction de sexe, le produit intégral de leur travail. Là est toute la solution – et elle n'est que là.

Le Socialiste, 9 octobre 1898.

Guy de Maupassant (1850-1893),
La folie spéculative

L'argent est un thème central de l'œuvre littéraire de Guy de Maupassant : la vénalité et la corruption sont au cœur de romans tels que Bel-Ami *(1885) ou* Mont-Oriol *(1887), inspirés l'un et l'autre par les scandales financiers de leur temps. Mais, ici, c'est en journaliste que Maupassant s'attaque à l'une de ces affaires, le krach de l'Union générale, qui inspirera également* L'Argent *de Zola en 1891.*

Nanti d'un triple passé d'ingénieur, d'homme d'affaires et de politique, Eugène Bontoux fonde en 1878 l'Union générale dont il veut faire à la fois une banque de dépôt à l'usage des particuliers, et une banque d'affaires capable d'investir dans de vastes programmes immobiliers ou ferroviaires. Cet établissement connaît plusieurs années de prospérité, attirant de nombreux déposants et actionnaires, avant d'être pris dans un mouvement spéculatif qui provoque d'abord une hausse exponentielle de son cours de Bourse à la fin de 1881, puis son effondrement au cours du mois de janvier 1882, au point que la banque se déclare en faillite.

L'événement frappe Maupassant et ses contemporains pour deux raisons. D'une part, les victimes ne sont pas seulement des professionnels de la Bourse ou des hommes d'affaires : parmi eux figurent des employés, des domestiques, des paysans, signe de l'avènement d'un actionnariat populaire et d'une démocratisation de la Bourse. D'autre part, l'événement a une résonance politique particulière : le fondateur de l'entreprise s'était largement appuyé sur les milieux légitimistes et catholiques à qui il avait promis d'offrir une force de frappe financière. Bontoux tentera d'ailleurs de présenter la chute de sa banque comme un complot des banquiers juifs, français et allemands, au premier rang desquels il désigne Rothschild. Si les historiens n'ont jamais pu constater la moindre action concertée contre l'Union générale, le krach s'explique largement, en revanche, par les nombreuses fraudes commises par les dirigeants de la banque : surestimation systématique du capital, faux bilans, encouragements à la spéculation par le rachat de ses propres titres, etc.

Le second article s'interroge sur la valeur morale d'une société qui punit sévèrement le vol à l'étalage, mais n'ose condamner de « respectables » banquiers ayant frauduleusement fait disparaître l'argent de leurs clients : manifestement, « faire disparaître cent millions n'est point voler ».

Relisons, admirable farce de Rabelais : « Soubdain je ne sçay comment, le cas feut subit, je n'eu le loisir le consydérer, Panurge, sans autre chose dire, jette en pleine mer son mouton criant et bellant. Tous les autres moutons, crians et bellans en pareille intonation, commencèrent soy jecter et saulter en mer après, à la file. La foulle estoit à qui saulteroit après leur compagnon. Possible n'estoit les en guarder. Comme vous savez estre du mouton le naturel tous jours suivre le premier, quelque part qu'il aille ».

On pourrait toujours dire, en cette dernière phrase : « Comme vous savez être du Français le naturel, etc. ».

Voici en effet des choses bien étonnantes qui font en ce moment grand bruit.

Un innombrable troupeau de moutons à deux pieds, qu'on appelle les hommes d'affaires, vient de disparaître dans le flot de la spéculation. Tous sont noyés. Le berger (qu'il soit Bontoux ou Dindenault[23]) a bien essayé de les retenir ; peine perdue ! ils l'ont entraîné dedans le lac. Et rien n'est plus.

C'est à la France seule qu'il appartient de jouer ces prodigieuses comédies.

L'affaire présente est particulièrement instructive. Au nom d'une religion dont le « tout-Paris spéculant » se soucie assurément moins « qu'un poisson d'une pomme » – pour emprunter l'image inexacte du grand poète –, on a commencé une soi-disant guerre aux juifs sur une valeur nouvelle portant un drapeau de ralliement.

Au moyen d'agissements habiles, cette valeur a gravi des sommets fantastiques. Alors tous les porteurs de titres ont été invraisemblablement millionnaires ; ils ont racheté d'autres titres encore, dans la naïve croyance que ces petits morceaux de papier colorié continueraient à représenter un fabuleux numéraire.

23. Personnage de Rabelais, il est le marchand dont Panurge fait noyer le troupeau.

Et soudain, je ne sais pourquoi, le petit papier a perdu tout son prix. Et tout le monde a été ruiné, même ceux qui n'avaient rien. — Voilà.

J'avoue qu'il y a dans ces mots : *affaires de Bourse, spéculation*, un mystère impénétrable pour mon esprit. Quant on achète des actions de chemins de fer ou de la Rente, c'est simple comme bonjour. La prospérité de l'entreprise ou celle des affaires publiques règlent les bénéfices. Rien de moins compliqué.

Mais on devient fou quand on veut se représenter comment une entreprise inconnue, qui demande l'argent du public pour des spéculations inavouées, dissimulées derrière un prétexte honnête, une entreprise qui représente un capital connu et limité, des bénéfices problématiques et des dangers de perte incontestables, peut, dans un coup de folie des agioteurs, atteindre à des taux fabuleux.

Les opérations sont fictives, les bénéfices sont fictifs, la valeur est fictive, c'est une simple convention ; tout est fictif, et le premier venu se trouve fictivement riche à milliards, pour se trouver très réellement sans le sou quelques jours après.

Or, la débâcle des temps derniers était prévue, annoncée depuis des mois, on la voyait ; on la sentait venir ; elle était inévitable comme l'hiver après l'été. Cela n'a point empêché tout le monde d'y être pris. — Moutons de Panurge !

Mais où la farce devient inénarrablement drôle, c'est à la question de payement. Les enrichis d'hier, qui sont les ruinés d'aujourd'hui, n'étant millionnaires que fictivement, c'est-à-dire grâce au petit papier qui valait tant et ne vaut plus rien, se trouvent aussi fictivement ruinés ; c'est-à-dire qu'ils ne peuvent pas payer. Quel tableau de féerie : *Le Royaume du Fictif* ! On y verrait l'ombre d'un actionnaire de l'ombre de la Timbale verser l'ombre d'un milliard à l'ombre d'un banquier israélite [24].

Et nous entendrons bientôt des conversations comme celle-ci : « Je viens de gagner quarante millions à la Bourse ; prêtez-moi donc quarante sous pour aller dîner. » Ou bien ceci : « Oh ! mon cher, quel désastre ; je viens de perdre en deux heures huit cents millions. » Et l'ami confident s'effondrera, sans réfléchir que, du moment qu'on ne paye pas, il est absolument indifférent de perdre huit cents millions ou deux cents francs.

24. Allusion à l'interprétation antisémite du krach de l'Union générale (voir la notice introductive), interprétation que récuse justement Maupassant ici.

Ce que je ne comprends pas du tout, par exemple, c'est le résultat de cette débâcle pour la prospérité générale. Car on a employé ces grands mots. Or voici des milliards perdus, ou bien ils sont en d'autres poches : alors que nous importe ? Ou bien ils étaient fictifs : alors pourquoi ces cris ?

Et que dire de cette invocation au gouvernement que les spéculateurs lyonnais appellent « papa » en s'asseyant sur ses genoux :

— Papa, paye mes dettes. Ne le ferai plus : te promets, te jure, paye mes dettes, serai bien sage.

En quoi la folie de ces gens regarde-t-elle le gouvernement ? Ils sont ruinés, tant pis pour eux ! il en viendra d'autres à leur place.

Ô moutons de Dindenault ! Nous l'avons toujours été et le serons toujours. Jadis, quand un fou quelconque, que les sergents de ville aujourd'hui empoigneraient, s'en venait prêcher une croisade, toute la France partait en guerre contre l'infidèle, comme sont partis en guerre les actionnaires de M. Bontoux.

À peine en route, ils avaient regret, assurément ; mais, chez nous, quand un mouton a sauté, tous sautent. Puis, plus tard, les braves croisés revenaient éreintés, crevants, battus, aussi penauds que le sont aujourd'hui les actionnaires de M. Bontoux. La guerre aux infidèles, décidément, ne nous porte pas bonheur.

Pauvre M. Bontoux ! C'est le seul à plaindre dans l'affaire. Il avait lancé son ballon la *Timbale*, et, monté dans la nacelle, il faisait devant la foule sa petite ascension captive. Mais voilà que la foule se met à crier : « Plus haut ! encore plus haut ! toujours plus haut ! » Il ne veut pas, il proteste, essaye de calmer les spectateurs. Mais, bast ! ils lâchent tout, coupent les cordes ; et le ballon s'envole aux nuages, crève, retombe, écrasant tout le monde et jetant sur le pavé l'aéronaute les reins cassés. Alors quels cris, quelle fureur ! « C'est la faute à Bontoux ! – crapule ! – canaille ! – misérable ! » En France, c'est toujours la faute à quelqu'un.

C'est aussi la faute à M. Lebaudy[25] : à preuve qu'il a trahi un meilleur ami. L'ami proteste que c'est faux. Qu'importe ? C'est la faute à Lebaudy ! Gredin

25. Jules Lebaudy (1828-1892), appartenant à la famille Lebaudy ayant fait fortune dans le raffinage du sucre, a participé à la chute de l'Union Générale par des manipulations boursières qui l'ont enrichi à millions et ont précipité la baisse des cours.

va ! Et tous les niais qui se sont laissés ruiner montrent le poing au financier plus malin qu'eux.

Autrefois, en d'autres circonstances, ce fut la faute à Capet. Aussi on a guillotiné Capet, et la femme Capet, et fait mourir le petit Capet.

Et pour changer, on a crié : « Vive Napoléon ! »

Et, vous rappelez-vous la guerre, la triste guerre de 1870 ?

Était-ce assez la faute aux généraux ? Et la faute aux espions ? En a-t-on assez fusillé, de ces espions sans le savoir. Tant pis pour eux, c'était leur faute !

Attendez un peu. Vous allez voir maintenant comme ça va être la faute à M. Gambetta ! Tout, vous dis-je, tout sera de sa faute. Les députés veulent une chose aujourd'hui, une autre demain. C'est la faute à Gambetta. Ils ne sont d'accord sur rien. C'est la faute à Gambetta ; jamais la faute aux députés, car : « vous savez être du mouton le naturel, toujours suivre le premier, quelque part qu'il aille ».

Et dire qu'à chaque bêtise nouvelle nous continuerons à trouver le coupable, sans jamais convenir simplement que *c'est la faute à tout le monde*.

Le Gaulois, 25 janvier 1882

Nous assistons, certes, depuis quelques années, à un déplacement de la conscience. La morale change. La morale est pareille aux bancs de sable des rivières : elle se promène ; elle est tantôt ici et tantôt là, s'élève en montagne au-dessus du courant des mœurs et des instincts, forme des obstacles infranchissables en certains points ; puis soudain tout s'aplanit et l'onde humaine se remet à couler librement, barrée plus loin par la dune mouvante.

L'immense catastrophe financière de ces temps derniers vient de prouver d'une façon définitive (ce dont on se doutait un peu, d'ailleurs, depuis pas mal d'années) que la probité est en train de disparaître. C'est à peine si on se cache aujourd'hui de n'être point un honnête homme, et il existe tant de moyens d'accommoder la conscience, qu'on ne la reconnaît plus. Voler dix sous est toujours voler ; mais faire disparaître cent millions n'est point voler. Des directeurs de vastes entreprises financières font chaque jour, à la connaissance de la France entière, des opérations que tout leur interdit, depuis les règlements de leurs sociétés jusqu'à la plus vulgaire bonne foi ; ils ne s'en considèrent pas moins comme parfaitement honorables. Des hommes à qui les fonctions et le mandat qu'ils ont, et les dispositions mêmes de la loi, interdisent tout jeu de Bourse, sont convaincus d'avoir trafiqué sans vergogne, et, quand on le leur prouve, ils font en riant un pied-de-nez, et en sont quittes pour aller manger en paix les millions que leur ont donnés des opérations illicites !

Quant au fretin des agioteurs, il se fait un devoir de manquer de conscience, et presque une gloire de mettre dedans les naïfs. Le courant de la spéculation a passé sur l'antique probité et a dispersé sa montagne de sable.

On a gardé, il est vrai, dans le monde une sorte de probité extérieure, d'honnêteté relative. Ce qui a disparu surtout c'est la scrupuleuse intégrité, cette minutieuse propreté de la conscience, cette fine délicatesse de l'homme qui ne se serait laissé salir par aucun douteux contact d'argent.

Dans la crise que nous traversons, on a pu sonder exactement toutes les profondeurs de l'improbité ; et, tandis que les petites gens, atteints par la débâcle, payaient jusqu'au dernier sou, tandis que la modeste bourgeoisie d'un côté et quelques grandes familles de l'autre n'hésitaient pas à tout sacrifier, à tout donner, d'autres, qui sont riches, on le sait, ne se sont point fait scrupule de garder en même temps leur fortune et leurs dettes.

La probité pourtant était peut-être la seule vraie propreté morale de l'homme, la seule vraie qualité de l'âme constituant l'honorabilité.

Les progrès de l'indélicatesse sont faciles à suivre. Il y a vingt ans, on s'étonnait que les domestiques ne fussent plus honnêtes. Aujourd'hui on s'ébahit quand ils le sont.

Il y a quinze ans, on s'indignait quand un fournisseur vous avait trompé. On serait bien surpris aujourd'hui de n'être point mis dedans par les plus scrupuleux négociants.

Et voilà que la contagion a gagné partout. Encore quelques années, et ce sera fini. Il n'existera plus un homme vraiment intègre, un de ceux à qui il ne suffisait pas d'être probe en apparence, d'être probe vis-à-vis des autres, mais qui voulaient le rester vis-à-vis d'eux-mêmes.

La probité, jusqu'ici, était demeurée le plus fixe des sentiments humains, le plus sérieux des obstacles dressés par la morale à nos instincts. Tout change. Tout passe.

Le Gaulois, 14 février 1882

Émile Zola (1840-1902),
Le miroir du désir

Dix-huitième volume du cycle des Rougon-Macquart, ouvert en 1871, L'Argent *d'Émile Zola est publié en 1891, au moment même où éclate le scandale politico-financier de Panama. Mais le livre est inspiré par une autre affaire, celle de l'Union générale (voir la notice précédente), devenue dans le roman la Banque universelle, bien que l'écrivain situe l'action à la fin du Second Empire. En relatant son essor puis sa chute, Zola donne à voir et à comprendre non seulement les nouvelles institutions qui rendent possibles la circulation de l'argent, mais aussi son attrait dans une société en voie de financiarisation.*

Dans l'extrait que nous avons retenu, le banquier Saccard attire dans sa vaste entreprise financière des personnes aussi différentes qu'une princesse ou un ingénieur. Il leur fait miroiter la réalisation de leurs rêves et place l'argent au cœur de leurs désirs les plus puissants : restauration catholique pour l'un, ascension sociale pour l'autre. Parce qu'il est impersonnel, parce qu'il peut servir à tout, l'argent se prête à toutes les imaginations et devient le médiateur de toutes les envies qu'il fait gonfler en retour.

En assimilant la circulation monétaire au rythme même de la vie, et la spéculation à une condition essentielle du progrès, Saccard rend difficilement résistible la séduction de l'enrichissement, y compris à ceux qui, à l'instar de la princesse d'Orviedo, ont été éduqués dans le mépris de l'argent. On sera attentif aux arguments qu'il déploie lorsque sa maîtresse Caroline s'inquiète de ses fraudes : rien d'ambitieux ne peut naître en matière financière si l'on tient aux « vains scrupules » et si l'on s'inquiète des « petites irrégularités ». Du Crédit lyonnais à Enron, de la faillite de la Barings à l'affaire Kerviel, ne trouverait-on pas de semblables convictions à l'origine de la plupart des scandales financiers et bancaires qui continuent de scander l'actualité ?

Donc, un matin, Saccard monta chez la princesse [26], et, en ami doublé d'un homme d'affaires, il lui expliqua la raison d'être et le mécanisme de la banque qu'il rêvait. Il dit tout, étala le portefeuille d'Hamelin [27], n'omit pas une des entreprises d'Orient. Même, cédant à cette faculté qu'il avait de se griser de son propre enthousiasme, d'arriver à la foi par son désir brûlant de réussir, il lâcha le rêve fou de la papauté à Jérusalem, il parla du triomphe définitif du catholicisme, le pape trônant aux lieux saints, dominant le monde, assuré d'un budget royal, grâce à la création du Trésor du Saint-Sépulcre. La princesse, d'une ardente dévotion, ne fut guère frappée que de ce projet suprême, ce couronnement de l'édifice, dont la grandeur chimérique flattait en elle l'imagination déréglée qui lui faisait jeter ses millions en bonnes œuvres d'un luxe colossal et inutile. Justement, les catholiques de France venaient d'être atterrés et irrités de la convention que l'empereur avait conclue avec le roi d'Italie, par laquelle il s'engageait sous de certaines conditions de garantie, à retirer le corps de troupes français occupant Rome ; il était bien certain que c'était Rome livrée à l'Italie, on voyait déjà le pape chassé, réduit à l'aumône, errant par les villes avec le bâton des mendiants ; et quel dénouement prodigieux, le pape se retrouvant pontife et roi à Jérusalem, installé là et soutenu par une banque dont les chrétiens du monde entier tiendraient à honneur d'être les actionnaires ! C'était si beau, que la princesse déclara l'idée la plus grande du siècle, digne de passionner toute personne bien née ayant de la religion. Le succès lui semblait assuré, foudroyant. Son estime s'en accrut pour l'ingénieur Hamelin, qu'elle traitait avec considération, ayant su qu'il pratiquait. Mais elle refusa nettement d'être de l'affaire, elle entendait rester fidèle au serment qu'elle avait fait de rendre ses millions aux pauvres, sans jamais plus tirer d'eux un centime d'intérêt, voulant que cet argent du jeu se perdît, fût bu par la misère, comme une eau empoisonnée qui devait disparaître. L'argument que les pauvres profiteraient de la spéculation, ne la touchait pas, l'irritait même. Non, non ! la source maudite serait tarie, elle ne s'était pas donné d'autre mission.

Saccard, déconcerté, ne put qu'utiliser sa sympathie pour obtenir d'elle une autorisation, vainement sollicitée jusque-là. Il avait eu la pensée, dès que la Banque Universelle serait fondée, de l'installer dans l'hôtel même ; ou du

26. La princesse d'Orviedo est une veuve très riche, mais son mari a acquis sa fortune par le jeu. Elle s'emploie à utiliser cet argent pour faire le bien. Saccard est son locataire.

27. Georges Hamelin, frère de Caroline – voisine et maîtresse de Saccard – est l'ingénieur à l'origine des projets industriels que la banque universelle est censée financer en Orient.

moins c'était madame Caroline qui lui avait soufflé cette idée ; car, lui, voyait plus grand, aurait voulu tout de suite un palais. On se contenterait de vitrer la cour, pour servir de hall central ; on aménagerait en bureaux tout le rez-de-chaussée, les écuries, les remises ; au premier étage, il donnerait son salon qui deviendrait la salle du conseil, sa salle à manger et six autres pièces dont on ferait des bureaux encore, ne garderait qu'une chambre à coucher et un cabinet de toilette, quitte à vivre en haut avec les Hamelin, mangeant, passant les soirées chez eux ; de sorte qu'à peu de frais on installerait la banque d'une façon un peu étroite, mais fort sérieuse. La princesse, comme propriétaire, avait d'abord refusé, dans sa haine de tout trafic d'argent : jamais son toit n'abriterait cette abomination. Puis, ce jour-là, mettant la religion dans l'affaire, émue de la grandeur du but, elle consentit. C'était une concession extrême, elle se sentait prise d'un petit frisson, lorsqu'elle songeait à cette machine infernale d'une maison de crédit, d'une maison de Bourse et d'agio, dont elle laissait ainsi établir sous elle les rouages de ruine et de mort.

Enfin, une semaine après cette tentative avortée, Saccard eut la joie de voir l'affaire, si empêtrée d'obstacles, se bâcler brusquement, en quelques jours. Daigremont vint un matin lui dire qu'il avait toutes les adhésions, qu'on pouvait marcher. Dès lors, on étudia une dernière fois le projet des statuts, on rédigea l'acte de société. Et il était grand temps aussi pour les Hamelin, à qui la vie commençait à redevenir dure. Lui, depuis des années, n'avait qu'un rêve, être l'ingénieur-conseil d'une grande maison de crédit : comme il le disait, il se chargeait d'amener l'eau au moulin. Aussi, peu à peu, la fièvre de Saccard l'avait-elle gagné, brûlant du même zèle et de la même impatience. Au contraire, madame Caroline, après s'être enthousiasmée à l'idée des belles et utiles choses qu'on allait accomplir, semblait plus froide, l'air songeur, depuis qu'on entrait dans les broussailles et les fondrières de l'exécution. Son grand bon sens, sa nature droite flairaient toutes sortes de trous obscurs et malpropres ; et elle tremblait surtout pour son frère, qu'elle adorait, qu'elle traitait parfois en riant de « grosse bête », malgré sa science ; non qu'elle soupçonnât le moins du monde l'honnêteté parfaite de leur ami, qu'elle voyait si dévoué à leur fortune ; mais elle avait une singulière sensation de terrain mouvant, une inquiétude de chute et d'engloutissement, au premier faux pas.

Ce matin-là, Saccard, lorsque Daigremont l'eut quitté, monta rayonnant à la salle des épures.

— Enfin, c'est fait ! cria-t-il.

Hamelin, saisi, les yeux humides, vint lui serrer les mains, à les briser. Et, comme madame Caroline s'était simplement tournée vers lui, un peu pâle, il ajouta :

— Eh bien ! quoi donc, c'est tout ce que vous me dites ?... Ça ne vous fait pas plus de plaisir, à vous ?

Elle eut alors un bon sourire.

— Mais si, je suis très contente, très contente, je vous assure.

Puis, quand il eut donné à son frère des détails sur le syndicat, définitivement formé, elle intervint de son air paisible.

— Alors, c'est permis, n'est-ce pas ? de se réunir ainsi à plusieurs, pour se distribuer les actions d'une banque, avant même que l'émission soit faite ?

Violemment, il eut un geste d'affirmation.

— Mais, certainement, c'est permis !... Est-ce que vous nous croyez assez niais, pour risquer un échec ? Sans compter que nous avons besoin de gens solides, maîtres du marché, si les débuts sont difficiles... Voilà toujours les quatre cinquièmes de nos titres placés en des mains sûres. On va pouvoir aller signer l'acte de société chez le notaire.

Elle osa lui tenir tête. — Je croyais que la loi exigeait la souscription intégrale du capital social. Cette fois, très surpris, il la regarda en face.

— Vous lisez donc le Code ?

Et elle rougit légèrement, car il avait deviné : la veille, cédant à son malaise, cette peur sourde et sans cause précise, elle avait lu la loi sur les sociétés. Un instant, elle fut sur le point de mentir. Puis, avouant, riant :

— C'est vrai, j'ai lu le Code, hier. J'en suis sortie, en tâtant mon honnêteté et celle des autres, comme on sort des livres de médecine, avec toutes les maladies.

Mais lui se fâchait, car ce fait d'avoir voulu se renseigner, la lui montrait méfiante, prête à le surveiller, de ses yeux de femme, fureteurs et intelligents.

— Ah ! reprit-il avec un geste qui jetait bas les vains scrupules, si vous croyez que nous allons nous conformer aux chinoiseries du Code ! Mais nous ne pourrions faire deux pas, nous serions arrêtés par des entraves, à chaque enjambée, tandis que les autres, nos rivaux, nous devanceraient, à toutes jambes !... Non, non, je n'attendrai certainement pas que tout le capital soit souscrit ; je préfère, d'ailleurs, nous réserver des titres, et je trouverai un homme à nous auquel j'ouvrirai un compte, qui sera notre prête-nom enfin.

— C'est défendu, déclara-t-elle simplement de sa belle voix grave.

— Eh ! oui, c'est défendu, mais toutes les sociétés le font.

— Elles ont tort, puisque c'est mal.

Saccard, se calmant par un brusque effort de volonté, crut alors devoir se tourner vers Hamelin, qui, gêné, écoutait, sans intervenir.

— Mon cher ami, j'espère que vous ne doutez pas de moi... Je suis un vieux routier de quelque expérience, vous pouvez vous remettre entre mes mains, pour le côté financier de l'affaire. Apportez-moi de bonnes idées, et je me charge de tirer d'elles tout le bénéfice désirable, en courant le moins de risques possible. Je crois qu'un homme pratique ne peut pas dire mieux.

L'ingénieur, avec son fond invincible de timidité et de faiblesse, tourna la chose en plaisanterie, pour éviter de répondre directement.

— Oh ! vous aurez, dans Caroline, un vrai censeur. Elle est née maître d'école.

— Mais je veux bien aller à sa classe, déclara galamment Saccard.

Madame Caroline elle-même s'était remise à rire. Et la conversation continua sur un ton de familière bienveillance.

— C'est que j'aime beaucoup mon frère, c'est que je vous aime vous-même plus que vous ne pensez, et cela me ferait un gros chagrin de vous voir vous engager dans des trafics louches, où il n'y a, au bout, que désastre et que tristesse... Ainsi, tenez ! puisque nous en sommes là-dessus, la spéculation, le jeu à la Bourse, eh bien ! j'en ai une terreur folle. J'étais si heureuse, dans le projet de statuts, que vous m'avez fait recopier, d'avoir lu, à l'article 8, que la société s'interdisait rigoureusement toute opération à terme. C'était s'interdire le jeu, n'est-ce pas ? Et puis, vous m'avez désenchantée, en vous moquant de moi, en m'expliquant que c'était là un simple article d'apparat, une formule de style que toutes les sociétés tenaient à honneur d'inscrire et que pas une n'observait... Vous ne savez pas ce que je voudrais, moi ? ce serait qu'à la place de ces actions, ces cinquante mille actions que vous allez lancer, vous n'émettiez que des obligations. Oh ! vous voyez que je suis très forte, depuis que je lis le Code, je n'ignore plus qu'on ne joue pas sur une obligation, qu'un obligataire est un simple prêteur qui touche tant pour cent sur son prêt, sans être intéressé dans les bénéfices, tandis que l'actionnaire est un associé courant la chance des bénéfices et des pertes... Dites, pourquoi pas des obligations, ça me rassurerait tant, je serais si heureuse !

Elle outrait plaisamment la supplication de sa requête, pour cacher sa réelle inquiétude. Et Saccard répondit sur le même ton, avec un emportement comique.

— Des obligations, des obligations ! mais jamais !... Que voulez-vous fiche avec des obligations ? C'est de la matière morte... Comprenez donc que la spéculation, le jeu est le rouage central, le cœur même, dans une vaste affaire comme la nôtre. Oui ! il appelle le sang, il le prend partout par petits ruisseaux, l'amasse, le renvoie en fleuves dans tous les sens, établit une énorme circulation d'argent, qui est la vie même des grandes affaires. Sans lui, les grands mouvements de capitaux, les grands travaux civilisateurs qui en résultent, sont radicalement impossibles... C'est comme pour les sociétés anonymes, a-t-on assez crié contre elles, a-t-on assez répété qu'elles étaient des tripots et des coupe-gorge ! La vérité est que, sans elles, nous n'aurions ni les chemins de fer, ni aucune des énormes entreprises modernes, qui ont renouvelé le monde ; car pas une fortune n'aurait suffi à les mener à bien, de même que pas un individu, ni même un groupe d'individus, n'aurait voulu en courir les risques. Les risques, tout est là, et la grandeur du but aussi. Il faut un projet vaste, dont l'ampleur saisisse l'imagination ; il faut l'espoir d'un gain considérable, d'un coup de loterie qui décuple la mise de fonds, quand elle ne l'emporte pas ; et alors les passions s'allument, la vie afflue, chacun apporte son argent, vous pouvez repétrir la terre. Quel mal voyez-vous là ? Les risques courus sont volontaires, répartis sur un nombre infini de personnes, inégaux et limités selon la fortune et l'audace de chacun. On perd, mais on gagne, on espère un bon numéro, mais on doit s'attendre toujours à en tirer un mauvais, et l'humanité n'a pas de rêve plus entêté ni plus ardent, tenter le hasard, obtenir tout de son caprice, être roi, être dieu !

Peu à peu, Saccard ne riait plus, se redressait sur ses petites jambes, s'enflammait d'une ardeur lyrique, avec des gestes qui jetaient ses paroles aux quatre coins du ciel.

— Tenez ! nous autres, avec notre Banque Universelle, n'allons-nous pas ouvrir l'horizon le plus large, toute une trouée sur le vieux monde de l'Asie, un champ sans limite à la pioche du progrès et à la rêverie des chercheurs d'or. Certes, jamais ambition n'a été plus colossale, et, je l'accorde, jamais non plus conditions de succès ou d'insuccès n'ont été plus obscures. Mais c'est justement pour cela que nous sommes dans les termes mêmes du problème, et que nous déterminerons, j'en ai la conviction, un engouement extraordinaire dans le public, dès que nous serons connus... Notre Banque Universelle, mon Dieu ! elle va être d'abord la maison classique qui traitera de toutes affaires de banque, de crédit et d'escompte, recevra des fonds en comptes courants, contractera, négociera ou émettra des emprunts. Seulement, l'outil que j'en veux faire surtout, c'est une machine à lancer les grands projets de votre frère :

là sera son véritable rôle, ses bénéfices croissants, sa puissance peu à peu dominatrice. Elle est fondée, en somme, pour prêter son concours à des sociétés financières et industrielles, que nous établirons dans les pays étrangers, dont nous placerons les actions, qui nous devront la vie et nous assureront la souveraineté... Et, devant cet avenir aveuglant de conquêtes, vous venez me demander s'il est permis de se syndiquer et d'avantager d'une prime les syndicataires, quitte à la porter au compte de premier établissement ; vous vous inquiétez des petites irrégularités fatales, des actions non souscrites, que la société fera bien de garder, sous le couvert d'un prête- nom ; enfin, vous partez en guerre contre le jeu, contre le jeu, Seigneur ! qui est l'âme même, le foyer, la flamme de cette géante mécanique que je rêve !... Sachez donc que ce n'est rien encore, tout ça ! que ce pauvre petit capital de vingt-cinq millions est un simple fagot jeté sous la machine, pour le premier coup de feu ! que j'espère bien le doubler, le quadrupler, le quintupler, à mesure que nos opérations s'élargiront ! qu'il nous faut la grêle des pièces d'or, la danse des millions, si nous voulons, là-bas, accomplir les prodiges annoncés !... Ah ! dame ! je ne réponds pas de la casse, on ne remue pas le monde, sans écraser les pieds de quelques passants.

Elle le regardait, et, dans son amour de la vie, de tout ce qui était fort et actif, elle finissait par le trouver beau, séduisant de verve et de foi. Aussi, sans se rendre à ses théories qui révoltaient la droiture de sa claire intelligence, feignit-elle d'être vaincue.

— C'est bon, mettons que je ne sois qu'une femme et que les batailles de l'existence m'effraient... Seulement, n'est-ce pas ? tâchez d'écraser le moins de monde possible, et surtout n'écrasez personne de ceux que j'aime.

Saccard, grisé de son accès d'éloquence, et qui triomphait de ce vaste plan exposé, comme si la besogne était faite, se montra tout à fait bonhomme.

— N'ayez donc pas peur ! Je fais l'ogre, c'est pour rire... Tout le monde sera très riche.

Ils causèrent ensuite tranquillement des dispositions à prendre, et il fut convenu que, le lendemain même de la constitution définitive de la société, Hamelin se rendrait à Marseille, puis de là en Orient, pour hâter la mise en œuvre des grandes affaires.

Mais déjà, sur le marché de Paris, des bruits se répandaient, une rumeur ramenait le nom de Saccard, du fond trouble où il s'était noyé un instant ; et les nouvelles, d'abord chuchotées, peu à peu dites à voix plus haute, sonnaient si clairement le succès prochain, que, de nouveau, comme au parc Monceau jadis, son antichambre s'emplissait de solliciteurs, chaque matin. Il voyait Mazaud monter, par hasard, pour lui serrer la main et causer des nouvelles du jour ; il recevait d'autres agents de change, le juif Jacoby, avec sa voix tonitruante, et son beau-frère Delarocque, un gros roux, qui rendait sa femme si malheureuse. La coulisse venait aussi, dans la personne de Nathansohn, un petit blond très actif, que la chance portait. Et quant à Massias, résigné à sa dure besogne de remisier malchanceux, il se présentait déjà chaque jour, bien qu'il n'y eût pas encore d'ordres à recevoir. C'était toute une foule montante.

Un matin, dès neuf heures, Saccard trouva l'antichambre pleine. N'ayant pas arrêté encore de personnel spécial, il était fort mal secondé par son valet de chambre ; et, le plus souvent, il se donnait la peine d'introduire les gens lui-même. Ce jour-là, comme il ouvrait la porte de son cabinet, Jantrou voulut entrer ; mais il avait aperçu Sabatani, qu'il faisait chercher depuis deux jours.

— Pardon, mon ami, dit-il en arrêtant l'ancien professeur, pour recevoir d'abord le Levantin.

Sabatani, avec son inquiétant sourire de caresse, sa souplesse de couleuvre, laissa parler Saccard, qui, très nettement d'ailleurs, en homme qui le connaissait, lui fit sa proposition.

— Mon cher, j'ai besoin de vous... Il nous faut un prête-nom. Je vous ouvrirai un compte, je vous ferai acheteur d'un certain nombre de nos titres, que vous payerez simplement par un jeu d'écritures... Vous voyez que je vais droit au but et que je vous traite en ami.

Le jeune homme le regardait de ses beaux yeux de velours, si doux dans sa longue face brune.

— La loi, cher maître, exige d'une façon formelle le versement en espèces... Oh ! ce n'est pas pour moi que je vous dis ça. Vous me traitez en ami, et j'en suis très fier... Tout ce que vous voudrez !

Alors, Saccard, pour lui être agréable, lui dit l'estime où le tenait Mazaud, qui avait fini par prendre ses ordres, sans être couvert. Puis, il le plaisanta sur Germaine Cœur, avec laquelle il l'avait rencontré la veille, faisant allusion crûment au bruit qui le douait d'un véritable prodige, une exception géante, dont rêvaient les filles du monde de la Bourse, tourmentées de curiosité. Et Sabatani ne niait pas, riait de son rire équivoque sur ce sujet scabreux : oui, oui ! ces dames étaient très drôles à courir après lui, elles voulaient voir.

— Ah ! à propos, interrompit Saccard, nous aurons aussi besoin de signatures, pour régulariser certaines opérations, les transferts par exemple...

Pourrai-je envoyer chez vous les paquets de papiers à signer ?

— Mais certainement, cher maître. Tout ce que vous voudrez !

Il ne soulevait même pas la question de payement, sachant que cela est sans prix, lorsqu'on rend de pareils services ; et, comme l'autre ajoutait qu'on lui donnerait un franc par signature, pour le dédommager de sa perte de temps, il acquiesça d'un simple mouvement de tête. Puis, avec son sourire : — J'espère aussi, cher maître, que vous ne me refuserez pas des conseils. Vous allez être si bien placé, je viendrai aux renseignements.

— C'est ça, conclut Saccard, qui comprit. Au revoir... Ménagez-vous, ne cédez pas trop à la curiosité des dames.

Et, s'égayant de nouveau, il le congédia par une porte de dégagement, qui lui permettait de renvoyer les gens, sans leur faire retraverser la salle d'attente.

Ensuite, Saccard, étant allé rouvrir l'autre porte, appela Jantrou. D'un coup d'œil, il le vit ravagé, sans ressources, avec une redingote dont les manches s'étaient usées sur les tables des cafés, à attendre une situation. La Bourse continuait d'être une marâtre, et il portait beau pourtant, la barbe en éventail, cynique et lettré, lâchant encore de temps à autre une phrase fleurie d'ancien universitaire.

— Je vous aurais écrit prochainement, dit Saccard. Nous dressons la liste de notre personnel, où je vous ai inscrit un des premiers, et je crois bien que je vous appellerai au bureau des émissions.

Jantrou l'arrêta d'un geste.

— Vous êtes bien aimable, je vous remercie... Mais j'ai une affaire à vous proposer.

Il ne s'expliqua pas tout de suite, débuta par des généralités, demanda quelle serait la part des journaux, dans le lancement de la Banque Universelle. L'autre prit feu aux premiers mots, déclara qu'il était pour la publicité la plus large, qu'il y mettrait tout l'argent disponible. Pas une trompette n'était à dédaigner, même les trompettes de deux sous, car il posait en axiome que tout bruit était bon, en tant que bruit. Le rêve serait d'avoir tous les journaux à soi ; seulement, ça coûterait trop cher.

— Tiens ! est-ce que vous auriez l'idée de nous organiser notre publicité ?... Ce ne serait peut-être pas bête. Nous en causerons.

— Oui, plus tard, si vous voulez... Mais qu'est-ce que vous diriez d'un journal à vous, complètement à vous, dont je serais le directeur. Chaque matin, une page vous serait réservée, des articles qui chanteraient vos louanges, de simples notes rappelant l'attention sur vous, des allusions dans des études complètement étrangères aux finances, enfin une campagne en règle, à propos de tout et de rien, vous exaltant sans relâche sur l'hécatombe de vos rivaux... Est-ce que ça vous tente ?

— Dame ! si ça ne coûtait pas les yeux de la tête.

— Non, le prix serait raisonnable.

Et il nomma enfin le journal : *L'Espérance*, une feuille fondée, depuis deux ans, par un petit groupe de personnalités catholiques, les violents du parti, qui faisaient à l'empire une guerre féroce. Le succès était, d'ailleurs, absolument nul, et le bruit de la disparition du journal courait chaque semaine.

Saccard se récria.

— Oh ! il ne tire pas à deux mille !

— Ça, ce sera notre affaire, d'arriver à un plus gros tirage.

— Et puis, c'est impossible : il traîne mon frère dans la boue, je ne peux pas me fâcher avec mon frère dès le début.

Jantrou haussa doucement les épaules.

— Il ne faut se fâcher avec personne... Vous savez comme moi que, lorsqu'une maison de crédit a un journal, peu importe qu'il soutienne ou attaque le gouvernement : s'il est officieux, la maison est certaine de faire partie de tous les syndicats que forme le ministre des Finances pour assurer le succès des emprunts de l'État et des communes ; s'il est opposant, le même ministre a toutes sortes d'égards pour la banque qu'il représente, un désir de le désarmer et de l'acquérir, qui se traduit souvent par plus de faveurs encore... Ne vous inquiétez donc pas de la couleur de *L'Espérance*. Ayez un journal, c'est une force.

Un instant silencieux, Saccard, avec cette vivacité d'intelligence qui lui faisait d'un coup s'approprier l'idée d'un autre, la fouiller, l'adapter à ses besoins, au point qu'il la rendait complètement sienne, développait tout un plan : il achetait *L'Espérance*, en éteignait les polémiques acerbes, la mettait aux pieds de son frère qui était bien forcé de lui en avoir de la reconnaissance, mais lui conservait son odeur catholique, la gardait comme une menace, une machine toujours prête à reprendre sa terrible campagne, au nom des intérêts de la religion. Et, si l'on n'était pas aimable avec lui, il brandissait Rome, il risquait le grand coup de Jérusalem. Ce serait un joli tour, pour finir.

— Serions-nous libres ? demanda-t-il brusquement.

— Absolument libres. Ils en ont assez, le journal est tombé entre les mains d'un gaillard besogneux qui nous le livrera pour une dizaine de mille francs. Nous en ferons ce qu'il nous plaira.

Une minute encore, Saccard réfléchit.

— Eh bien ! c'est fait. Prenez rendez-vous, amenez-moi votre homme ici... Vous serez directeur, et je verrai à centraliser entre vos mains toute notre publicité, que je veux exceptionnelle, énorme, oh ! plus tard, quand nous aurons de quoi chauffer sérieusement la machine. Il s'était levé. Jantrou se leva également, cachant sa joie de trouver du pain, sous son rire blagueur de déclassé, las de la boue parisienne.

— Enfin, je vais donc rentrer dans mon élément, mes chères belles lettres !

— N'engagez personne encore, reprit Saccard en le reconduisant. Et, pendant que j'y songe, prenez donc note d'un protégé à moi, de Paul Jordan, un jeune homme à qui je trouve un talent remarquable, et dont vous ferez un excellent rédacteur littéraire. Je vais lui écrire d'aller vous voir.

Jantrou sortait par la porte de dégagement, lorsque cette heureuse disposition des deux issues le frappa.

— Tiens ! c'est commode, dit-il avec sa familiarité. On escamote le monde... Quand il vient de belles dames, comme celle que j'ai saluée tout à l'heure dans l'antichambre, la baronne Sandorff...

Saccard ignorait qu'elle fût là ; et, d'un haussement d'épaules, il voulut dire son indifférence ; mais l'autre ricanait, refusait de croire à ce désintéressement. Les deux hommes échangèrent une vigoureuse poignée de main.

Lorsqu'il fut seul, Saccard, instinctivement, se rapprocha de la glace, releva ses cheveux, où pas un fil blanc n'apparaissait encore. Il n'avait pourtant pas menti, les femmes ne le préoccupaient guère, depuis que les affaires le reprenaient tout entier ; et il ne cédait qu'à l'involontaire galanterie qui fait qu'un homme, en France, ne peut se trouver seul avec une femme, sans craindre de passer pour un sot, s'il ne la conquiert pas. Dès qu'il eut fait entrer la baronne, il se montra très empressé.

— Madame, je vous en prie, veuillez vous asseoir...

Jamais il ne l'avait vue si étrangement séduisante, avec ses lèvres rouges, ses yeux brûlants, aux paupières meurtries, enfoncés sous les sourcils épais. Que pouvait-elle lui vouloir ? et il demeura surpris, presque désenchanté, lorsqu'elle lui eut expliqué le motif de sa visite.

— Mon Dieu ! monsieur, je vous demande pardon de vous déranger, inutilement pour vous ; mais, entre gens du même monde, il faut bien se rendre de ces petits services... Vous avez eu dernièrement un chef de cuisine, que mon mari est sur le point d'engager. Je viens donc tout simplement aux renseignements.

Alors, il se laissa questionner, répondit avec la plus grande obligeance, tout en ne la quittant pas du regard ; car il croyait deviner que c'était là un prétexte : elle se moquait bien du chef de cuisine, elle venait pour autre chose, évidemment. Et, en effet, elle manœuvra, finit par nommer un ami commun, le marquis de Bohain, qui lui avait parlé de la Banque Universelle. On avait tant de peine à placer son argent, à trouver des valeurs solides ! Enfin, il comprit qu'elle prendrait volontiers des actions, avec la prime de dix pour cent abandonnée aux syndicataires ; et il comprit mieux encore que, s'il lui ouvrait un compte, elle ne payerait pas.

— J'ai ma fortune personnelle, mon mari ne s'en mêle jamais. Ça me donne beaucoup de tracas, ça m'amuse aussi un peu, je l'avoue... N'est-ce pas ? lorsqu'on voit une femme s'occuper d'argent, surtout une jeune femme, ça étonne, on est tenté de l'en blâmer. Il y a des jours où je suis dans le plus mortel embarras, n'ayant pas d'amis qui veuillent me conseiller. L'autre quinzaine encore, faute d'un renseignement, j'ai perdu une somme considérable... Ah ! maintenant que vous allez être en si bonne position pour savoir, si vous étiez assez gentil, si vous vouliez...

La joueuse perçait sous la femme du monde, la joueuse âpre, enragée, cette fille des Ladricourt dont un ancêtre avait pris Antioche, cette femme d'un diplomate saluée très bas par la colonie étrangère de Paris et que sa passion promenait en solliciteuse louche chez tous les gens de finance. Ses lèvres saignaient, ses yeux flambaient davantage, son désir éclatait, soulevait la femme ardente qu'elle semblait être. Et il eut la naïveté de croire qu'elle était venue s'offrir, simplement pour être de sa grande affaire et avoir, à l'occasion, d'utiles renseignements de Bourse.

— Mais, cria-t-il, je ne demande pas mieux, madame, que de mettre à vos pieds mon expérience.

Il avait rapproché sa chaise, il lui prit la main. Du coup, elle parut dégrisée. Ah ! non, elle n'en était pas encore là, il serait toujours temps qu'elle payât d'une nuit la communication d'une dépêche. C'était déjà, pour elle, une corvée abominable que sa liaison avec le procureur général Delcambre, cet homme si sec et si jaune, que la ladrerie de son mari l'avait forcée d'accueillir. Et son indifférence sensuelle, le mépris secret où elle tenait l'homme, venait de se montrer en une lassitude blême, sur son visage de fausse passionnée, que l'espoir du jeu seul enflammait. Elle se leva, dans une révolte de sa race et de son éducation, qui lui faisaient encore manquer des affaires.

L'Argent, Paris, Charpentier, 1891, pp. 114-128.

Léon Bloy (1846-1917),
Le sang du pauvre

Si l'argent, comme beaucoup le dénoncent, est le vrai dieu des temps modernes (voir dans ce volume le texte de Marx), les religions ne devraient-elles pas se méfier de ce concurrent ? Dans les faits, les rapports des religions à l'argent sont ambivalents. Ainsi le christianisme, confronté à l'apparition puis à l'épanouissement du capitalisme, semble hésiter entre accommodement, voire légitimation de l'enrichissement, et valorisation préférentielle des pauvres. Mais des prophètes ont surgi de tout temps pour rappeler que les textes fondateurs n'ont pas de telles hésitations et condamnent sévèrement les inégalités de richesse. Léon Bloy figure, à l'orée du XXe *siècle, parmi ces insoumis.*

*C'est nourri d'une expérience personnelle de la pauvreté que Bloy lance ses imprécations contre l'injustice sociale. Converti au catholicisme par Barbey d'Aurevilly, toute son œuvre est traversée par une inspiration profondément religieuse. Ni ses romans (*Le Désespéré, La Femme pauvre*), ni son* Journal, *ni ses essais n'auront suffisamment connu de succès pour lui épargner des conditions de vie extrêmement difficiles. Bloy, comme Péguy, ou plus tard Mounier, ne cesse de dénoncer le détournement des valeurs chrétiennes par la bourgeoisie, surtout lorsque celle-ci s'affirme catholique... Cette dénonciation se fait particulièrement virulente dans* Le Sang du pauvre *dont les textes suivants sont extraits. Bloy y rappelle aux riches, mais aussi aux clercs qui les confortent, la leçon du pauvre Lazare. Nul n'a le droit de jouir quand son frère souffre. Le bourgeois peut protester de sa foi et de la conformité de sa pratique religieuse, sa richesse superflue, et dès lors homicide, n'en bafoue pas moins toute justice.*

L'HALLALI

Le riche est une brute inexorable qu'on est forcé d'arrêter avec une faux ou un paquet de mitraille dans le ventre...

Il est intolérable à la raison qu'un homme naisse gorgé de biens et qu'un autre naisse au fond d'un trou à fumier. Le Verbe de Dieu est venu dans une étable, en haine du Monde, les enfants le savent, et tous les sophismes des démons ne changeront rien à ce mystère *que la joie du riche a pour* substance *la Douleur du pauvre. Quand on ne comprend pas cela, on est un sot pour le temps et pour l'éternité. – Un sot pour l'éternité !*

Ah ! si les riches modernes étaient des païens authentiques, des idolâtres déclarés ! il n'y aurait rien à dire. Leur premier devoir serait évidemment d'écraser les faibles et celui des faibles serait de les crever à leur tour, quand l'occasion s'en présenterait. Mais ils veulent être catholiques tout de même et catholiques comme ça ! Ils prétendent cacher leurs idoles jusque dans les Plaies adorables !...

Kolding, Danemark, janvier 1900.

LE SANG DU PAUVRE

« Mon discours, dont vous vous croyez peut-être les juges, vous jugera au dernier jour. »

Bossuet, *Oraison funèbre de la princesse Palatine.*

Le Sang du Pauvre, c'est l'argent. On en vit et on en meurt depuis les siècles. Il résume expressivement toute souffrance. Il est la Gloire, il est la Puissance. Il est la Justice et l'Injustice. Il est la Torture et la Volupté. Il est exécrable et adorable, symbole flagrant et ruisselant du Christ Sauveur, *in quo omnia constant.*

Le sang du riche est un pus fétide extravasé par les ulcères de Caïn. Le riche est un mauvais pauvre, un guenilleux très puant dont les étoiles ont peur.

La Révélation nous enseigne que Dieu seul est pauvre et que son Fils Unique est l'unique mendiant. « *Solustantummodo Christus est quiin omnium pauperumuniversitatemendicet* », disait Salvien. Son Sang est celui du

Pauvre par qui les hommes sont « achetés à grand prix ». Son Sang *précieux*, infiniment rouge et pur, qui peut tout payer !

Il fallait donc bien que l'argent le représentât : l'argent qu'on donne, qu'on prête, qu'on vend, qu'on gagne ou qu'on vole ; l'argent qui tue et qui vivifie comme la Parole, l'argent qu'on adore, l'eucharistique argent qu'on *boit* et qu'on *mange*. Viatique de la curiosité vagabonde et viatique de la mort. Tous les aspects de l'argent sont les aspects du Fils de Dieu suant le Sang par qui tout est assumé.

Faire un livre pour ne dire que cela est une entreprise qui pourra paraître déraisonnable, C'est offrir sa face à tous les bourreaux chrétiens qui déclarent *heureux* les riches que Jésus a détestés et maudits. Cependant il y a peut-être encore des cœurs vivants dans cet immense fumier des cœurs et c'est pour ceux-là que je veux écrire.

Hier c'était le cataclysme sicilien, prélude ou prodrome de beaucoup d'autres, dernier avis préalable à l'accomplissement des menaces de la Salette. On dit que Messine était une ville superbe, peu éloignée de la Pentapole. Deux cent mille êtres humains y sont morts d'un frisson de la terre. Quelqu'un a-t-il pensé que cent mille tout au plus ont dû être tués sur le coup ? Soit cent mille agonies réparties sur quinze ou vingt jours.

Amoureux de la justice, je veux croire que les riches ont été favorisés de ce privilège, après tant d'autres privilèges, et que cette occasion ne leur a pas été refusée de méditer, dans le vestibule de l'enfer, sur les délices et la *solidité* des richesses. On a parlé d'une survivante, immobilisée sous les décombres, de qui la main avait été dévorée par son chat enseveli avec elle. Était-ce la « droite » ou la « gauche », cette main faite pour donner, comme toutes les mains ? Oublieuse des affamés, elle avait peut-être servi à nourrir cette seule bête qui lui continuait ainsi sa confiance.

Leçons terribles, si l'on veut, rudimentaires pourtant, mais combien perdues ! Il en faudra de plus terribles et on les sent venir... Le Christianisme est en vain, la Parole de Dieu est En vain, Donc, voici le « Bras pesant » qui fut annoncé, le Bras visible et indiscutable !

Ah ! il en est temps ! Le droit à la richesse, négation effective de l'Évangile, dérision anthrophagique du Rédempteur, est inscrit dans tous les codes. Impossible d'arracher ce ténia sans déchirer les entrailles, et l'opération est urgente. Dieu y pourvoira. — Tu n'as pas le droit de jouir quand ton frère souffre ! hurle, chaque jour, de plus en plus haut, la multitude infinie des désespérés.

Le présent livre sera l'écho de cette clameur.

Le Sang du pauvre, Paris, Librairie Stock, Éd. Nouvelle, 1932, pp. 18-26 (1re édition, 1909).

V
LE DÉSIR DES PAUVRES

« La Règle de notre Ordre nous défend de faire l'aumône
« Un Père de l'Assomption »
J'ai connu un garde-chiourme qui se nommait Monsieur Désir. »

Ce qui doit, un jour, accuser si terriblement les riches, c'est le Désir des pauvres. Voici un millionnaire qui détient, inutilement pour lui, ou qui dépense en une minute, pour une fantaisie vaine, ce qui, durant cinquante ou soixante ans, a été l'objet des vœux désespérés d'un pauvre homme. Rien qu'en France, il y en a des centaines de mille, car il n'est pas nécessaire qu'ils aient des millions. Tout homme qui possède au-delà de ce qui est indispensable à sa vie matérielle et spirituelle est un millionnaire, par conséquent un débiteur de ceux qui ne possèdent rien.

Nul n'a droit au superflu, excepté le Fils de Dieu incarné. Celui-là fut privilégié au-delà de tout ce qui peut être dit ou imaginé, au point que son privilège n'a pu être connu que par révélation. « Le nombre des coups de fouet que reçut le Sauveur, depuis les pieds jusqu'à la tête », dit la célèbre voyante d'Agreda, « fut de 5115 » ! Quelques autres ont été plus loin. Or, la terrible flagellation romaine, telle qu'on l'appliquait en Judée, ne devait pas dépasser 39, *quadragenas una minus*. Tel était le Désir exorbitant du Roi des pauvres, son superflu ! On ne sait rien du chiffre des soufflets, des coups de poing et des crachats, mais il est présumable qu'il dut être en proportion.

Le désir de l'homme, c'est l'homme lui-même et le désir de l'Homme-Dieu était naturellement de satisfaire pour tous les hommes, à quelque prix que fut le miracle. De ce point de vue le désir du riche devrait être, au moins, son nécessaire des souffrances du pauvre, et celui du pauvre son nécessaire du superflu des consolations dont le riche est accablé.

Existe-t-il un seul prêtre qui oserait prêcher sur ce texte : « *Væ vobis divitibus quia habetis consolationem vestram!* Malheur à vous, riches, qui avez votre consolation ! » ? C'est trop grave, trop évangélique, trop peu *charitable.* Les riches n'entendent pas que les pauvres aient des consolations ou des plaisirs. L'idée qu'un indigent aura acheté du tabac ou pris une tasse de café leur est insupportable. Ils ont raison, sans le savoir, puisque les pauvres souffrent pour eux. Mais ils gardent leur consolation à eux, leur consolation épouvantable, et quelle agonie lorsque, devant expier, par des compensations indicibles, chaque parcelle de leur homicide richesse, ils verront s'avancer sur eux cette montagne de tourments !

Consolationem vestram. Quelle désolation inverse est impliquée par ce mot ineffaçable et quel désir de l'autre côté ! Le désir d'avoir du pain, d'avoir un peu de ce bon vin qui réjouit le cœur, le désir des fleurs et de l'air des champs, de tout ce que Dieu a créé pour les hommes, sans distinction ; le désir au moins du repos après le labeur, quand sonne l'Angélus dû soir. — Mes enfants, ma femme vont mourir, condamnés par des milliers de mes frères qui les sauveraient en donnant seulement la pitance d'un de leurs chiens. Moi-même je n'en peux plus et je suis comme si je n'avais pas une urne précieuse, une âme de gloire que les cieux ne rempliraient pas, mais que l'avarice des premiers-nés du Démon a faite aveugle, sourde et muette. Cependant ils n'ont pas pu tuer le désir qui me torture !...

Une pauvre vieille doit une dizaine de francs à une dame de charité qui lui dit : — Vous ne pouvez pas me donner d'argent, vous me donnerez votre travail. La malheureuse, pleine du *désir* de s'acquitter, travaille donc, faisant le ménage, le savonnage, la cuisine, la couture. Les semaines, les mois, les années passent ainsi. La mort arrive. Elle doit toujours dix francs et une reconnaissance éternelle.

La méchanceté la plus horrible est d'opprimer les faibles, ceux qui ne peuvent pas se défendre. Prendre le pain d'un enfant ou d'un vieillard, par exemple, et combien d'autres iniquités du même genre dont la seule pensée crève le cœur, c'est tout cela qui doit être strictement, rigoureusement, éternellement reproché aux riches.

J'en sais deux, que je pourrais nommer, l'homme et la femme. Ceux-là exigent de leur bonne, souvent renouvelée – l'indignation et l'horreur la mettant bientôt en fuite – qu'elle jette dans la boîte aux ordures tous les restes, quelquefois importants, de leur table, viandes ou poissons à peine entamés. Ordre formel de les déchiqueter, de les souiller d'excréments ou de pétrole, pour que nul n'en puisse profiter, pas même les chiens et les rats. Même injonction et même contrôle pour les vêtements hors d'usage. Ces gens mangent à peine. Leur régal, c'est le désir et la déception des affamés.

J'ai parlé de la prostitution du mot *charité*, sottement et diaboliquement substitué au nom plus humble de l'aumône. Quand on n'est pas exactement un méchant, on fait l'aumône, qui consiste à donner une part très faible de son superflu, – volupté d'attiser le désir sans le satisfaire. L'aumônier donne les autres, c'est-à-dire ce qui appartient aux autres, son superflu. Le charitable se donne lui-même en donnant son nécessaire et, par là, le désir du pauvre est éteint. C'est l'Évangile et il n'y en a pas d'autre. Jésus qui a donné sa Chair et son Sang a promis à ses Apôtres qu'ils seront les juges de la terre. L'apôtre Judas qui a *rendu l'argent* sera donc le juge de ceux qui crèvent sans le rendre. La locution *crever* et même « crever par le ventre » doit avoir son origine dans la mort du Traître et convient admirablement à la mort des riches.

On veut, à toute force, que l'Évangile ait parlé d'un *mauvais* riche, comme s'il pouvait y en avoir de bons. Le texte est pourtant bien clair : *homo dives* « un riche[28] », sans épithète. Il serait temps de discréditer ce pléonasme qui ne tend à rien moins qu'à dénaturer, au profit des mangeurs de pauvres, l'enseignement évangélique.

Un mauvais riche, si on tient à rapprocher ces deux mots, est comme un mauvais fonctionnaire ou un mauvais ouvrier, c'est-à-dire un individu ne sachant pas son métier ou infidèle à sa fonction. *Le mauvais riche est celui qui donne* et qui, à force de donner, devient un pauvre, « un homme de désir », ainsi que le prophète Daniel qui préfigura Jésus-Christ.

Le Désir du pauvre est facilement assimilable au désir plus ou moins impur qu'on peut avoir pour une femme coquette qui ne veut pas se donner. Une superfine expérience de l'abomination du monde n'est pas nécessaire pour savoir ou deviner ce que peut faire souffrir la déloyauté d'une chienne de femme

28. Allusion à l'Évangile selon Saint Luc, 19-31 : « Le pauvre Lazare est accueilli au paradis par Abraham, tandis que le mauvais riche qui a ignoré sa misère est envoyé en enfer. »

qui s'offre sans cesse pour se refuser toujours. On a vu de très nobles hommes en mourir. L'ostentation de la richesse est un homicide semblable, quand elle n'est pas un féroce et dangereux défi. On peut combler toute mesure de prévarication et mettre bas, tous les jours, contre soi-même, une ventrée de fureurs ; il ne faut pas toucher au Désir des pauvres qui est la pupille de l'Œil de Dieu, la Plaie du Côté, par où jaillissent les dernières gouttes du dernier ruisseau du Sang de son Fils.

La dérision du Désir des pauvres est l'iniquité impardonnable, puisqu'elle est l'attentat contre la suprême étincelle du flambeau qui fume encore et qu'il est tant recommandé de ne pas éteindre. C'est violer le refuge du lamentable Lazare qu'Abraham cache dans son sein.

Le Sang du pauvre, Paris, Librairie Stock, Éd. Nouvelle, 1932, pp. 63-70 (1re édition, 1909).

VII
LES AMIS DE JOB

« Il n'existe pas d'imbécile qui n'ait été mis au monde pour me nuire. »
WELLS.

Ce travail ne serait pas complet, si je ne disais rien de la puissance de l'argent pour déprimer et avilir ceux qui le possèdent ou qui croient le posséder. L'infériorité intellectuelle ou morale est une conséquence trop banale de la richesse pour qu'il soit expédient de la remarquer. L'ignorance de la pauvreté paraît plus abrutissante que l'ignorance même de Dieu, car il y a des pauvres sans Dieu qu'on ne mène pas facilement au pâturage.

Les lois veulent qu'il y ait des enfants riches condamnés par leur naissance et par leur éducation à ne jamais savoir ce que c'est que la pauvreté. Il serait moins inhumain de leur crever les yeux et de les châtrer, pour qu'à leur tour ils ne procréassent pas des monstres. Sans doute on ne peut leur cacher qu'il y a des pauvres, mais comme il y a des bêtes puantes ou venimeuses qu'il faut écarter avec le plus grand soin. Si la famille a la tradition des bonnes formules, si elle a du style chrétien, l'enfant riche recevra d'un précepteur ecclésiastique cet enseignement primordial que l'indigence fut instituée pour son décor, qu'elle est un repoussoir agréable et nécessaire qu'il convient d'apprécier à sa valeur ; qu'au surplus la miséricorde pratiquée sans intempérance a le double avantage d'être l'accomplissement d'un *conseil* évangélique et d'attirer la bénédiction sur les capitaux. Et c'est tout, absolument tout, pour le temps et l'éternité.

Ainsi se forment les imbéciles dont se pare le front altier de la centenaire catin qui fut autrefois la vierge chrétienne. Que voulez-vous qu'on dise à des gens qui méprisent le travail et la souffrance des autres, se croyant eux-mêmes les lys de Salomon qui ne labourent ni ne filent ; à des fainéants immondes, à des animaux de sport, à des automobilistes écraseurs qui ne savent rien, qui ne désirent rien que de retourner à leur ordure ; qui ne peuvent rien, sinon répandre, sous forme d'argent volé à tous les malheureux de ce monde, le très précieux Sang du Christ dans la boue des grands chemins, dans la boue des âmes, et qui, tout de même, se persuadent qu'ils sont les aînés et les bien-aimés !

Ah ! Jésus, humble et doux enfant de l'Étable, pourquoi eûtes-vous peur à Gethsemani [29] ? L'Ange confortateur ne vous présenta-t-il pas la rafraîchissante vision de ces soutiens à venir de votre trône et de votre autel ? Pourquoi trembler et pourquoi frémir, ô Rédempteur ? Ils sont là les amis de Job, vos véritables et seuls amis. Ils veillent pour se soûler, ils prient à genoux les plus antiques salopes et, certainement, si la tentation leur arrive, ce ne sera pas celle de donner tous leurs biens aux pauvres. Rassurez-vous donc, Seigneur, et faites-vous crucifier avec allégresse, le *monde* est sauvé !

Il faudrait une harpe pour chanter convenablement la sottise et la vilenie de ces *bien pensants* de la bonne presse et du bon suffrage. Cependant on a beau voir et savoir, c'est incompréhensible et surpassant. Qu'on soit chrétien ou adorateur d'idoles, il est inconcevable qu'on ne pense pas à la mort, non plus qu'à cet état impossible à conjecturer qui a précédé la vie. « Nous n'avons rien apporté dans ce monde et il est certain que nous n'en pouvons rien emporter ». Tel est le Texte que je ne donne pas en latin, par égard pour ces messieurs du sport. Alors que signifient les notaires, les tuteurs, les gendarmes, les huissiers, les croque-morts et toutes les lois ? Que signifie la propriété et que signifie l'héritage ou la succession de ce misérable qui s'en va tout nu sous la terre ?

29. Lieu de l'agonie du Christ.

— Tu as cent millions, un souffle passe et te voilà comme un ver. On ne te laissera rien, mais rien, tu peux y compter. – Dans l'espace de quelques minutes, belle dame vous serez une charogne. Il y avait, à votre porte, un pauvre homme qui vous priait, par votre ange gardien, de l'aider à glorifier Dieu et cela vous eût été bien facile. Mais vous étiez attendue chez une autre dame, sans doute, et vous avez failli écraser ce mendiant sous votre voiture. C'était votre droit. Le curé de votre paroisse vous admire et vous avez le saint sacrement dans votre hôtel, au fond d'un oratoire où se répand quelquefois le superflu de votre cœur. Les larbins et les invités en habit noir, et aussi quelques aimables personnes décolletées passent devant la porte entre-baillée de ce sanctuaire. Vraiment je ne comprends pas que votre chauffeur ait aussi maladroitement raté le poète. Mais, tout de même, vous êtes une charogne et vous le serez de plus en plus. Ah ! si c'était possible encore, que ne donneriez-vous pas pour contenter ce malheureux, pour fermer sa bouche accusatrice et vocifératrice contre vous ? Or, cela est impossible, à jamais impossible. Votre seule excuse, à supposer que Dieu s'en contente, – comme le poète – c'est que vous êtes une idiote pour l'éternité.

L'infirmité de l'intelligence, chez ces maudits, est adéquate à la dépression des âmes. Eussiez-vous le don de persuasion d'un archange, l'entreprise la plus téméraire serait bien certainement de leur faire comprendre que leur richesse ne leur appartient absolument pas, qu'ils n'y ont aucun droit, sinon par la malice des démons inspirateurs des lois de ce monde et, surtout, par la permission mystérieuse et très redoutable de Dieu qui se plaît à les confronter ainsi avec leurs victimes, leurs créanciers et leurs juges. Ils ne comprennent pas et ne comprendront jamais, même en enfer, où les poursuivra l'interminable cécité de leur sottise et de leur orgueil.

Le Sang du pauvre, Paris, Librairie Stock, Éd. Nouvelle, 1932, pp. 81-86 (1re édition, 1909).

Octave Mirbeau (1848-1917),
Les affaires sont les affaires

Jouée en 1903, cette célèbre pièce d'Octave Mirbeau dénonce la corruption du personnel politique de la IIIe République, et plus généralement le pouvoir qu'ont acquis les hommes d'affaires, certes modernisateurs et talentueux dans leur domaine, mais brutaux, sans scrupules et capables de tout piétiner sur leur chemin.

Isidore Lechat est un représentant de cette caste. La pièce se déroule dans son immense château, où il mène ses affaires avec un grand savoir-faire et s'amuse de tout ce que la richesse lui a permis d'acheter, en particulier la dignité des autres. Sa famille ne jouit pas autant que lui de sa situation : son épouse se désespère dans ce château si grand et ne se sent pas à sa place. Lechat est méprisé par sa fille, qui estime que toutes ces possessions reposent sur le vol et le meurtre. Son fils est beaucoup plus accommodant : noceur, dépensier, il est la preuve de la réussite du père. À la fin de la pièce, alors qu'Isidore est tout à la joie des belles affaires qu'il vient de réussir, tout s'effondre : sa fille part avec Lucien, le chimiste qu'il employait pour mettre en valeur son domaine et, dans la dernière scène, on lui annonce que son fils vient de se tuer en voiture. Après un moment de désespoir, il reprend ses esprits et retrouve toute sa hargne pour finaliser le contrat qu'il était en train d'établir.

Dans la scène II de l'acte 3, Isidore reçoit le marquis de Porcellet, son noble voisin désargenté, qui vient lui demander un prêt de 200 000 francs. Isidore vient de faire un chèque du même montant à son fils sans sourciller, mais il le refuse au marquis. Il veut échanger argent contre capital social et symbolique. Isidore propose en effet à son voisin de marier leurs enfants, et de l'appuyer pour une démarche auprès du cousin de ce dernier, conseiller du ministre de la Guerre. En sus, le marquis devra utiliser son influence pour aider Isidore à être élu député. C'est l'occasion pour les deux hommes de discuter des mérites respectifs de la domination sociale exercée par la noblesse ou par la bourgeoisie, et de se demander si l'argent peut réellement tout acheter.

LE MARQUIS – Eh bien... mon cher Monsieur Lechat... je suis vraiment très heureux de vous voir... (Un temps.)... très heureux... (Un autre temps.)... Outre le plaisir que cette visite me procure...

ISIDORE – Vous pouvez dire : Nous... Monsieur le marquis...

LE MARQUIS, *remerciant d'un geste* – Je désirerais vous entretenir de quelque chose d'assez... urgent...

ISIDORE – Tout à votre disposition... Monsieur le marquis...

LE MARQUIS – Voilà... (Il se dégante.)... Le règlement de la liquidation Gasselin... le marchand de bois de Melun.

ISIDORE – Je sais... je sais...

LE MARQUIS – N'avance pas... Le notaire, d'ailleurs, m'écrit que je n'ai malheureusement pas grand'chose à en attendre.

ISIDORE – Rien du tout, Monsieur le marquis...

LE MARQUIS – Ah !... c'est aussi votre avis ?...

ISIDORE – Oui...

LE MARQUIS – C'est bien ce que je craignais... (Un temps.) Une grosse perte pour moi... Cela me gêne beaucoup. J'ai justement des échéances assez lourdes... et pas d'argent disponible... Oui... enfin... je suis très gêné... très ennuyé... Je viens donc vous demander de me prêter encore deux cent mille francs...

ISIDORE, *très calme* – Nous allons voir ça... monsieur le marquis... nous allons voir ça...

LE MARQUIS – Vous ne pouvez pas savoir à quel point vous m'obligeriez, cher Monsieur Lechat...

ISIDORE – Tiens... j'ai justement là... comme par hasard... votre petit dossier... (Avec une bonne figure.)... Nous allons voir ça... (Il feuillette rapidement le dossier.)... Quatre obligations de deux cent mille francs... une autre de quatre cent mille... douze cent mille... les intérêts à cinq pour cent restés impayés... depuis deux ans... treize cent vingt mille... C'est exact ?

LE MARQUIS – Parfaitement exact...

ISIDORE – Oui... oui... (La tête levée vers le plafond... il a l'air maintenant de se livrer à des calculs mentaux.) Eh bien... je le regrette... monsieur le marquis... mais... cette fois... impossible.

LE MARQUIS – Vous refusez ?...

ISIDORE – Désolé... mais je refuse...

LE MARQUIS – Pourtant... je vous apporte toutes les garanties désirables...

ISIDORE, *faisant une grimace* – Des hypothèques... encore ?

LE MARQUIS – Quelles meilleures garanties... voulez-vous donc ?

ISIDORE – Mais votre terre est grevée de plus d'hypothèques... qu'elle ne vaut...

LE MARQUIS – Je vous demande pardon...

ISIDORE – Votre terre est très mal cultivée... très mal entretenue... Les fermes ne tiennent plus debout... Vous avez saccagé vos bois... Si j'en retire un million... ce sera très beau...

LE MARQUIS, *vivement* – Comment... si vous en retirez ?...

ISIDORE – Dame !...
Un petit silence.

LE MARQUIS – Mais... Monsieur... je puis vous offrir... d'autres garanties... D'abord... mon honorabilité...

ISIDORE – Je sais ce qu'elle vaut et j'y rends hommage... Mais nous ne connaissons pas ça... dans les affaires...

LE MARQUIS – Et puis... j'ai ma part dans la succession de ma tante Sombreuse...

ISIDORE – Heuh !...

LE MARQUIS, *appuyant* – Quatre-vingt-trois ans !

ISIDORE – Oh !... les successions à venir... et par le temps qui court...

LE MARQUIS, *un peu accablé... mais digne* – C'est bien... Monsieur... (Il se lève.)... Il ne me reste plus qu'à m'excuser d'une démarche...

ISIDORE – Monsieur... le marquis... faites-moi... l'amitié... de vous rasseoir...

LE MARQUIS – Mais...

ISIDORE – Je vous en prie !... (Le marquis se rassoit. – Un petit silence.)... Monsieur le marquis... je vous aime... moi... vous me plaisez beaucoup... mais là... beaucoup... Et je voudrais vous tirer de la situation... désastreuse où vous êtes.

LE MARQUIS – Désastreuse... Oh !...

ISIDORE – Disons le mot... de la ruine...

LE MARQUIS, *feignant l'assurance* – Peste !... comme vous y allez... cher Monsieur Lechat !...

ISIDORE – Inutile de feindre avec moi... Monsieur le marquis... Je connais votre position aussi bien que vous... Je la connais mieux que vous...

LE MARQUIS – Ma position... comme vous dites... n'est pas très brillante... en ce moment... Elle n'est pas, non plus, désespérée.

ISIDORE – Si... Monsieur le marquis... si... Elle l'est... (Légèrement ironique.) Et... ma foi !... je puis bien vous avouer une chose... Il y a longtemps que je caresse l'idée de réunir à la terre de Vauperdu... la terre de Porcellet... (Sursaut du marquis.)... Mon Dieu, oui !... C'est un de mes rêves... Quel domaine, monsieur le marquis ! (Un petit silence.)... Ce rêve... (Il montre le dossier ouvert sur la table.)... je puis le réaliser demain... (Âpre.)... si je veux... (Il redevient bonhomme.)... Mais vous me plaisez beaucoup... Et je me demande si... avant d'en arriver à des extrémités fâcheuses pour vous... et pour moi... pénibles... après tout... malgré mon rêve... je me demande si nous ne devons pas chercher un moyen d'entente... un terrain de conciliation... si nous ne pouvons pas nous arranger... comme de braves gens que nous sommes... ah !...

LE MARQUIS, *prudent... sans trop s'engager* – Mon Dieu ! Je le désire...

ISIDORE – Cela dépend de vous...

LE MARQUIS – Que me proposez-vous ?...

ISIDORE – Une combinaison admirable, Monsieur le marquis...

LE MARQUIS – Voyons...

ISIDORE – Mais voilà... Vous êtes un homme à principes... à grands principes... Vous n'êtes pas, du tout, dans le mouvement moderne... Vous restez attaché aux vieilles idées du passé... et... permettez-moi le mot à toutes sortes de préjugés... qui n'ont plus cours aujourd'hui... Chevaleresque... je veux bien... mais pas pratique et c'est grand dommage !

LE MARQUIS, *avec une dignité affectée* – D'être restée peu pratique dans une société qui l'est devenue beaucoup trop... c'est la raison d'être actuelle de la noblesse et c'est sa gloire...

ISIDORE – C'est sa mort !

LE MARQUIS, *même jeu* – Tant pis !... Chez nous, Monsieur, l'honneur passe avant l'intérêt...

ISIDORE – Encore l'honneur !

LE MARQUIS – Plaît-il ?

ISIDORE – Rien... pardon... Je pensais à mon fils, une petite coïncidence....

LE MARQUIS, *un peu moins gourmé* – Certes... en politique... et surtout... en religion... j'ai des principes... inflexibles... des principes... avec lesquels... je ne transigerai jamais... Mais... je ne condamne pas pour cela toute espèce de progrès. J'ai, plus que vous ne le croyez... l'esprit ouvert à de certaines nécessités sociales... à de certaines choses nouvelles... pourvu qu'elles n'attentent en rien... à l'idéal que je me suis fait de la vie...

ISIDORE – Oui... seulement... voilà... elles y attentent toujours...

LE MARQUIS – Mais non... voyons... quelle est cette combinaison ?

ISIDORE, *après un petit temps* – Ma foi !... Monsieur le marquis... vous m'avez un peu découragé... avec vos grands mots... L'honneur !... l'honneur !... sans doute... Mais chacun entend l'honneur à sa façon... et je crains bien que la vôtre ne soit pas la mienne... Non... voyez-vous... cette combinaison... à quoi j'avais songé un instant... j'ai bien envie d'y renoncer.

LE MARQUIS – Expliquez-la toujours.

ISIDORE – À quoi bon ?

LE MARQUIS – C'est donc bien terrible ?...

ISIDORE – C'est une affaire.

LE MARQUIS – Nous causons... Cela n'engage à rien.

ISIDORE – Eh bien... Monsieur le marquis... puisque vous le voulez... (Un temps.) Je ne suis pas un diplomate... moi... je n'ai pas l'art des réticences et des circonlocutions... Je vais droit au but... et joue cartes sur table... En deux mots... vous avez un fils... ruiné... j'ai une fille très riche... excessivement riche... (Un temps.)... marions-les...

LE MARQUIS, *se lève* – Qu'est-ce que vous dites ?

ISIDORE – Marions-les... Et comme je sais faire la part des choses... consentir aux sacrifices qu'il faut... je vous donne quittance des treize cent vingt mille francs... Et vous rentrez dans vos droits de propriété... intacts... sur le domaine de Porcellet... (Un temps.)... Mais asseyez-vous donc, monsieur le marquis. (Le marquis se rassied.)... Vous voyez qu'Isidore Lechat... cette canaille de Lechat... comme on dit... sait se conduire... à l'occasion... en vrai gentilhomme...

LE MARQUIS, *se parlant à lui-même* – C'est impossible... (Un temps.)... Vous n'y songez pas ?

ISIDORE – Je vous demande pardon... j'y songe parfaitement... Et je songe aussi à servir à ma fille une rente de deux cent cinquante mille francs... Je garde le capital... Il est mieux entre mes mains qu'entre les siennes... car le capital me connaît... et il s'amuse avec moi.
Il rit.

LE MARQUIS – Alors... c'est un marché ?

ISIDORE – C'est une affaire...

LE MARQUIS – Vous voulez m'acheter... dites-le... m'acheter ?

ISIDORE – Ah ! voilà les grands mots qui reviennent... Mais non... monsieur le marquis... Je veux vous sauver du désastre... inévitable... Vous serez bien avancé quand vous devrez quitter cette belle terre de Porcellet... réduire à rien votre existence fastueuse... accablé de lourdes dettes... traqué par tous les hommes de loi... tombant de saisies en ventes, promenant à travers tous les tribunaux votre fameux blason, coiffé de papier timbré... Heureux encore si, après trop de misères, vous trouvez un jour, comme le père de la Fontenelle... une place de régisseur... chez un brave homme tel que moi... Je sais ce que c'est, allez... J'ai été ruiné deux fois... Ça n'est pas drôle... Mais moi... j'ai du ressort... Vous... vous n'avez que des principes. Maigre défense, croyez-moi... contre de pareils malheurs...

LE MARQUIS – M'acheter !... moi !...

ISIDORE – Ne répétez donc pas toujours la même chose... Je n'achète pas... j'échange... Les affaires sont des échanges... on échange de l'argent... de la terre... des titres, des mandats électoraux... de l'intelligence... de la situation sociale... des places... de l'amour... du génie... ce qu'on a contre ce qu'on n'a pas... Il n'y a rien de plus licite... et rassurez-vous... rien de plus honorable.

LE MARQUIS, *mollissant un peu* – Mais... mon fils... n'a nullement l'intention de se marier...

ISIDORE – Oui... je sais bien... On n'a pas l'intention de faire une chose... et puis... on la fait tout de même... Des circonstances imprévues, les nécessités de la vie... corrigent souvent les intentions les mieux arrêtées... Ah ! Monsieur le marquis... si vous vouliez vous laisser conduire par moi... Quelles magnifiques... quelles merveilleuses affaires... tous les deux !... Ah ! sapristi !... Et, tenez, l'hôtel des Porcellet... ce superbe hôtel que feu votre frère, après le krach, vendit au prince Kartdoff... va être remis en vente... dans quelques mois...

LE MARQUIS – Ah !

ISIDORE – Vous ne le saviez pas ?

LE MARQUIS – Du tout...

ISIDORE, *avec un sourire engageant* – Vous voyez... Il faut que ce soit moi qui me préoccupe... et vous mette au courant des affaires de la famille... Cet hôtel... je pourrais le racheter... et le déposer... pierres, meubles, collections... dans la corbeille de noces de ma fille... Un cadeau vraiment royal !... Et que ne ferions-nous point ? Unis par les liens du sang... et par des intérêts communs... nous irions ensemble à la conquête du monde... tout simplement... (Un petit silence... Le marquis est toujours songeur.)... Remarquez que dans cet échange que nous faisons... vous donnez autant que je donne... Par conséquent, correction parfaite de part et d'autre... Et même si nous évaluons en argent ce que vous apportez, et c'est là qu'il faut toujours en venir, car tout a une valeur représentative de numéraire, votre apport est, peut-être, plus considérable que le mien... Calcul facile et qui doit apaiser toutes vos susceptibilités... (Le marquis hoche la tête.) Donc... si quelqu'un est acheté dans cette affaire... ce n'est pas vous... c'est moi... (Le marquis regarde Lechat avec une expression d'étonnement croissant.)... Mais oui, mais c'est évident... D'abord, vous possédez un grand crédit... auprès du général de Bragard... votre cousin germain... un militaire étonnant... qui va être nommé, bientôt, chef de l'état-major... je le sais...

LE MARQUIS – Vous savez donc tout ?

ISIDORE, *modestement* – C'est mon métier, monsieur le marquis... Ce crédit, j'en ai besoin... pour m'assurer la protection bienveillante du général... dans une colossale affaire qui dépend un peu de lui... et à laquelle cela va de soi... je vous intéresse... (Avec mystère.) J'ai là-dessus... certains projets de défense nationale... qui seront... je crois... approuvés par le général... car... vous ne doutez point... n'est-ce pas que je ne sois un bon et excellent patriote ?... (Avec une chaleur emphatique.) Tout ce que vous voudrez... mais patriote... diable !... Nous en reparlerons... (Un temps.)... Vous avez aussi...

LE MARQUIS – Encore ?

ISIDORE – Vous avez aussi... une influence électorale... pas très grande... Mais j'entends... cette fois-ci... ne rien négliger... Cette influence... vous en userez... naturellement... en faveur de ma candidature... (Sur un bondissement du marquis.)... pas au grand jour... bien entendu... Je ne vous demande pas des affiches... ni d'aller sur les places publiques et dans les cabarets, crier : " Votez pour Isidore Lechat ! "... Non... parbleu !... Une action clandestine...voilà ce qu'il faut... Je vous dirai comment il faudra procéder. Choisi par le comité révolutionnaire de Paris... appuyé secrètement par le gouvernement... et par une fraction du parti royaliste-bonapartiste-nationaliste-clérical... mon succès est certain...

LE MARQUIS – Alors... Monsieur, ce n'est pas seulement mon nom que vous achetez... c'est mon crédit personnel... mon influence politique... et quoi encore ?

ISIDORE – Véritablement... vous me désolez, Monsieur le marquis... Vous ramenez toujours les choses à un sens brutal qu'elles n'ont point... et vous rendez, difficile... sinon impossible... une entente que je désire, certes... mais à laquelle je renoncerais... croyez-le... sans douleur... (Appuyant.)... J'aurais encore... pour me consoler... la belle terre de Porcellet, mon rêve...

Un petit silence.

LE MARQUIS – Mais... Monsieur... si je suis bien informé... vous vous présentez aux élections avec un programme socialiste... anticlérical... contre le duc de Maugis... qui est mon ami... et dont je partage toutes les idées.

ISIDORE – Les programmes !... (Avec un geste qui rejette les choses au loin.)... Une fois nommé... les programmes sont loin... et ils courent encore...

LE MARQUIS – C'est possible... Il n'en est pas moins vrai que vous vous posez en ennemi implacable de l'Église ?...

ISIDORE – Implacable ?... Vous m'étonnez, Monsieur le marquis... Les convictions sont quelquefois implacables... Et encore !... Les affaires jamais... Et quand même ?... (Il se lève et marche dans la pièce avec animation.)... Croyez-vous donc que ma candidature socialiste, anti-cléricale, ne sera pas plus agréable à l'Église que celle de votre ami, le duc de Maugis, avec ses appels au miracle... ses invocations à la Vierge et aux saints ?...

LE MARQUIS, *ironique* – Le point de vue est nouveau...

ISIDORE – Il est éternel, monsieur le marquis... Que représente-t-il, le duc ?... Voulez-vous me le dire ?... Du passé, c'est-à-dire de la poussière... de la matière inerte... du poids mort... L'Église... l'Église ?... Mais l'Église en a assez de toujours traîner à sa remorque une noblesse découronnée de ses vieux prestiges... volontairement immobilisée dans ses préjugés de la caste et dans ses routines de l'honneur... qui n'est mêlée à rien de ce qui vit et de ce qui crée... une noblesse qui, peu à peu, s'est laissé, stupidement, dépouiller de ses terres, de ses châteaux... de ses influences... de son action... et qui... au lieu de servir l'Église, la dessert, chaque jour, davantage, par son impopularité et sa faiblesse...

LE MARQUIS, *riant discrètement* – Ah ! ah ! ah !...

ISIDORE – Mais oui, Monsieur le marquis... c'est comme ça !... L'Église est dans le mouvement moderne, elle... Loin d'y résister, elle le dirige... et elle le draine à travers le monde... Elle a une puissance d'expansion, de transformation, d'adaptation, qui est admirable... une force de domination qui est justifiée, parce qu'elle travaille sans relâche... qu'elle remue les hommes... l'argent... les idées... les terres vierges... Elle est partout... aujourd'hui... elle fait de tout... elle est tout... Elle n'a pas que des autels, où elle vend de la foi... des sources miraculeuses où elle met de la superstition en bouteilles... des confessionnaux où elle débite de l'illusion en toc et du bonheur en faux... Elle a des boutiques qui regorgent de marchandises... des banques pleines d'or... des comptoirs... des usines... des journaux... et des gouvernements, dont elle a su faire jusqu'ici ses agents dociles et ses courtiers humiliés.... Vous voyez que je sais lui rendre justice...

LE MARQUIS, *ironique* – Vous êtes admirable ! Je ne vous savais pas cette éloquence...

ISIDORE – J'y vois clair, voilà tout !... Autrefois... elle mettait l'épée à la main de ses nobles et les envoyait à la guerre massacrer et se faire massacrer pour elle... Mais la guerre a changé de forme... par conséquent elle a changé d'armes... C'est par l'outil du travail et par l'argent que l'on combat aujourd'hui... Et la noblesse n'a su se servir ni de l'outil... ni de l'argent... Alors... nous les avons ramassés... Tiens, parbleu !

LE MARQUIS – Dans la boue et dans le sang...

ISIDORE – Ça se nettoie... tout se nettoie... même vos blasons... (Un temps.) Comprenez donc que c'est dans les hommes comme moi que l'Église cherche et trouve ses alliés naturels... L'Église et moi nous sommes de la même race, monsieur le marquis... Quant à la noblesse... elle est morte... elle est morte pour avoir méconnu la première loi de la vie : le travail... c'est-à-dire la mise en exploitation de toutes les forces qui sont dans la vie... Et ce n'est pas parce que l'Église vous donne, de temps en temps, à titre d'aumônes, quelques maigres jetons de présence, dans des conseils d'administration, comme l'État donne aux veuves de ceux qui l'ont servi avec abrutissement, une part dans ses bureaux de tabac... que vous pouvez vous vanter d'être encore vivants !...

LE MARQUIS – Mais, Monsieur... si je suis aussi mort que vous le dites... pourquoi me voulez-vous ?

ISIDORE – C'est mon affaire...

LE MARQUIS – Ce n'est pas la mienne...

ISIDORE – Comme vous voudrez... Mais vous avez tort...

LE MARQUIS – Vous n'attendez pas de moi... je pense... que je lave l'Église... des accusations étranges que vous portez contre elle et qui ne l'atteignent point...

ISIDORE – Je ne l'accuse pas... je l'exalte !... (Haussant les épaules.)... Vous ne savez même pas ce que c'est que l'Église...

LE MARQUIS – Si... par malheur... l'Église ressemblait au tableau que vous venez d'en tracer... j'aimerais mieux, en effet, l'ignorer... Et je suis fier, Monsieur, d'appartenir à cette noblesse, dont vous proclamez si fort la déchéance, juste au moment où elle se reconquiert !

ISIDORE – Oui... En tentant de rallumer partout la guerre civile et la guerre des races...

LE MARQUIS – En revendiquant ses traditions qui sont celles du pays... Et je suis plus fier encore...

ISIDORE, *interrompant* – Allez !... allez !...

LE MARQUIS – De ne m'être jamais soumis à cette démocratie abominable... insolente... et féroce qui a remplacé, par le seul culte de l'argent... le culte de l'honneur... de la patrie... de la foi... et de la pitié.

ISIDORE – Allez... allez... monsieur le marquis... soulagez-vous... Ça fait du bien....

LE MARQUIS – Vous avez la prétention de dominer, d'être les maîtres... Et vous l'êtes... pour un temps. Mais des maîtres plus ridicules encore que néfastes... Aussitôt parvenus à la fortune... vous n'avez plus qu'une idée : nous singer... C'est nos hôtels, nos terres, nos manies, nos vices qu'il vous faut... nos vieux noms glorieux... et jusqu'à nos vieux meubles. (Avec insolence.)... Ce qui ne s'achète pas, voyez-vous, c'est la façon de s'en servir...

ISIDORE – J'en serais désolé... J'ai la mienne.

LE MARQUIS – Vous n'êtes pas exigeant.

ISIDORE – Elle me suffit...

LE MARQUIS – Elle ne suffira pas toujours au peuple, que vous dépouillez.

ISIDORE – Ça !... vous n'en savez rien... ni moi non plus... Pour le moment, le peuple aime mieux ma façon que la vôtre...

LE MARQUIS – Si vous voulez conquérir le monde comme vous dites... ayez donc le courage d'inventer quelque chose de nouveau, au lieu de vous confiner dans la parodie d'autrefois.. Créez des traditions à votre tour... Mais non... vous n'avez le souci d'aucune vertu, d'aucun art, d'aucune élégance... Vous n'avez le sentiment d'aucune grandeur...

ISIDORE, *interrompant* – La grandeur... la grandeur !... Des mots tout cela... et qui ne veulent rien dire. Il n'y a qu'une chose par quoi un peuple, comme une institution, comme un individu, est grand... c'est l'argent... L'Église le sait mieux que personne, elle. (Un temps.)... Oui... oui... pour vous, nous sommes des bandits... des forbans... d'affreux pirates... C'est entendu... et c'est vrai... au fond... Mais... dites donc... des bandits qui ont fait quelque chose... des forbans qui apportent, tous les jours, leur contribution au progrès... c'est-à-dire au bonheur de l'humanité... de sales canailles qui remplissent leurs coffres... c'est possible... mais qui créent du mouvement partout... de la richesse partout... de la vie partout... Quand, autrefois, au temps de votre puissance... puisque vous invoquez les traditions... vous dépouilliez le peuple... au point de l'affamer... de ne lui laisser pour nourriture... que l'ordure des ruisseaux dans les villes... et, dans les campagnes... la petite motte de terre, où il posait le pied... Qu'est-ce que vous lui donniez en échange !... des coups de bâton, Monsieur le marquis... Moi... je lui donne des routes... des chemins de fer... de la lumière électrique... de l'hygiène...un peu d'instruction... des produits à bon marché... et du travail... Moins d'allure que les coups de bâton... j'en conviens... Assez chic, tout de même... avouez-le... pour des forbans ?...

LE MARQUIS – Monsieur, je ne veux et ne puis vous suivre, en toutes ces polémiques de journal...

ISIDORE – Et vous avez raison... Assez philosopher... La philosophie ne mène à rien... et nous perdons, inutilement, le fil de la conversation... Tenez... voulez-vous faire un pari avec moi !

LE MARQUIS – Pas plus qu'un marché...

ISIDORE – C'est juste... Je le gagnerais... Eh bien... ce pari... je vais vous l'offrir sous une autre forme... Allez donc demander à l'un de ces grands politiques en robe noire... en robe blanche... en robe brune... ou en robe rouge – la couleur n'y fait rien – qui mènent le monde... et en qui vous avez confiance, pas vrai ?... Allez demander seulement à votre confesseur, quel qu'il soit, s'il hésitera, une minute, entre Isidore Lechat... riche à cinquante millions, socialiste mécréant, anticlérical excommunié... et votre pauvre petit duc de Maugis ?... (Un silence... Le regardant fixement dans les yeux.)... Oui... Et puis... Allez lui demander encore un conseil sur ce que je vous propose... mariage et le reste... Et osez dire... en votre âme et conscience... qu'il ne vous répondra pas... en vous donnant sa bénédiction : « Mon fils... tu peux... tu dois marcher... au nom de notre Sainte Mère l'Église ! »

Encore un silence... Les deux hommes se regardent.

LE MARQUIS, *baissant un peu la tête, d'une voix moins assurée...* – C'est impossible !...

Un silence.

ISIDORE – Ah !... (Un temps.)... Monsieur le marquis... quand vous êtes entré ici... je n'avais qu'un désir... vous étrangler d'un tour de main... Je suis franc... vous le voyez... je vous le dis... Je me réjouissais à la pensée de vous prendre la terre de Porcellet... Il y a deux ans que je la considère comme mienne... C'est si vrai... que j'ai ici... dans ce tiroir... un plan... voulez-vous que je vous le montre ?... où Porcellet fait, par avance, partie de mon domaine... J'y ai biffé votre nom que j'ai remplacé par le mien... C'est drôle, hein ?... Et puis... je ne sais pas pourquoi... vous m'avez plu... vous m'avez ému... là... sincèrement... Au fond... je suis un brave homme, moi... On ne me connaît pas... j'ai du cœur... Alors... j'ai cherché un autre moyen... un moyen de tout concilier... mes affaires... mon plaisir... et votre intérêt... (Sur une protestation ironique du marquis.) Mais oui... J'ai trouvé ça... Ça n'est pas déjà si mal... Ma fille est très jolie... elle a de l'allure... de la race... elle n'est pas bête, la mâtine !... Cherchez-en beaucoup, dans votre monde... qui la vaillent... Et tâchez... de vous la représenter, dans le vieil hôtel restauré des Porcellet... Une vraie princesse, monsieur le marquis !...

LE MARQUIS – Je n'ai jamais douté des qualités de mademoiselle votre fille...

ISIDORE – Eh bien, alors ?... Ne m'obligez donc pas à revenir à ma première idée... Parole !... Cela me navrerait... (Avec expansion.) Je suis dans un de mes bons jours, aujourd'hui... Profitez-en !...

LE MARQUIS, *d'une voix de moins en moins assurée* – C'est impossible... C'est très difficile...

ISIDORE – En quoi ?... Vous n'êtes pas le premier qui aurait consenti à de semblables alliances.

LE MARQUIS – Sans doute...

ISIDORE – Eh bien ?...

LE MARQUIS – Je ne voudrais pas vous désobliger, cher Monsieur Lechat... Mais enfin... il y a là... quelque chose... de... particulier...

ISIDORE, *regardant sournoisement le marquis* – Ah !...

LE MARQUIS – Oui... Vous avez eu... jadis... des... accidents... fâcheux. – Je ne les juge point... mais enfin...

ISIDORE – C'est la lutte !... Ah ! s'il fallait remonter à la source de toutes les fortunes... des vôtres, principalement... on n'en finirait point, monsieur le marquis... Au fond, ce qui vous gène, ce qui vous trouble... c'est l'opinion... l'opinion du monde et de votre monde...

LE MARQUIS – Je ne subordonne pas mes actes à l'opinion du monde...

ISIDORE – Non... Seulement... vous y êtes sensible... et c'est tout naturel... Eh bien, dites-vous ceci... Qui a l'argent, a l'opinion... Et si admirables, si héroïques que soient les hommes, ils ne sont point bons à jeter aux chiens... quand ils n'ont plus le sou... Ce n'est pas moi qui parle, monsieur le marquis... c'est la sagesse des nations... Est-ce malheureux ? Mais regardez autour de vous...

LE MARQUIS, *lentement... avec un air embarrassé* – Il est certain que les démarches auprès de mon cousin Bragard... n'ont... en soi... rien de répréhensible...

ISIDORE – Justement... rien de plus simple... au contraire... rien de plus correct...

LE MARQUIS – Pour mon intervention... dans les élections...

ISIDORE – En douceur... Monsieur le marquis... en douceur. Ne vous effrayez pas pour si peu... Question de tact de doigté...

LE MARQUIS – Oui... mais... il y a là... mon cher Monsieur Lechat... outre la question politique... une question de délicatesse...

ISIDORE – La question politique est réglée... Vous êtes couvert par l'Église...

LE MARQUIS – Couvert... couvert...

ISIDORE – Je vous l'affirme... Et vous le savez bien... La question de délicatesse ?... Eh ! mon Dieu !... il est très juste que vous désiriez le succès du père de votre bru... (Avec une bonhomie riante.) C'est tout ce qu'il y a de plus moral... au contraire... La famille... voyons...

LE MARQUIS – Je n'ai pas consulté mon fils...

ISIDORE – Ai-je consulté ma fille ?... Les enfants sont mis au monde pour obéir à leurs parents... Et puis, dites-moi donc, Monsieur le marquis... le consultiez-vous lorsque, durant son voyage au Tonkin, vous négociiez pour lui et sans lui... la chronique en est venue jusqu'à moi... un mariage plutôt... scabreux... hé... hé ?...

LE MARQUIS – Des racontars... des calomnies...

ISIDORE – Possible... Mais les calomnies... ce sont souvent des choses qui n'ont point réussi... D'ailleurs... je connais un certain petit chasseur de paons qui ne ferait pas toutes les difficultés que vous faites... et qui... croyez-moi... s'habituera, très mal, à l'idée d'être ruiné... à la nécessité de gagner sa vie désormais, au lieu de vivre tranquillement du celle des autres... Quant à moi, monsieur le marquis... Je ne vous encombrerai pas souvent de ma personne... Et je ne vous demanderai pas de me présenter au Jockey-Club... (Il rit et se frotte les mains.) Ma foi non !... J'ai d'autres ambitions...

LE MARQUIS, *avec effort* – Eh bien !... je verrai... je réfléchirai...

ISIDORE – Non pas... Il faut que tout soit tranché quand vous sortirez d'ici... Vous avez la chance d'être veuf... par conséquent... libre de vos actes... Et puis... dans ces sortes de circonstances... on ne doit jamais réfléchir ... L'inspiration... il n'y a rien de meilleur...

LE MARQUIS – C'est une chose assez grave, pourtant... et à laquelle...

ISIDORE, *lui coupant la parole, d'une voix plus dure* – Outre Porcellet que je vous rends... il est bien entendu... que je vous donne les deux cent mille francs... et que je me charge de vos autres créanciers... (Un petit silence. – Le marquis est debout... la tête baissée... et il regarde obstinément une fleur du tapis.) Monsieur le marquis... (Le marquis lève les yeux vers Isidore qui, à ce moment, pose le doigt sur le bouton de la sonnerie.) Puis-je faire venir ma femme et ma fille ?

LE MARQUIS, *après un effort* – Faites... Monsieur...

Il se rassied lourdement, dans le fauteuil... Isidore sonne... Un domestique se présente.

ISIDORE – Va dire à madame et à mademoiselle que M. le marquis de Porcellet et moi... nous les prions de venir ici...

Le domestique sort... Le marquis est assis... le regard fixe... Isidore se promène... de long en large, au fond de la pièce... les mains dans les poches... Long silence.

Les Affaires sont les affaires, Paris, Ernest Flammarion éditeur, 1903, acte III scène 2, pp. 189-214.

Charles Péguy (1873-1914),
Contre l'argent et contre l'antisémitisme

En fondant en 1900 Les Cahiers de la quinzaine, *qui accueilleront la première publication de* Notre jeunesse, *Charles Péguy souhaite donner la parole aux nouveaux écrivains de son temps, mais aussi faire entendre sa propre voix, qu'elle emprunte les formes de l'essai philosophique, du théâtre ou de la poésie. Dans cette œuvre abondante résonnent les convictions socialistes de l'auteur, de même que les échos de son engagement dreyfusard sans faille. Or, au début de 1910, Péguy publie* Le Mystère de la charité de Jeanne d'Arc, *qui témoigne de sa conversion au catholicisme. Cet ouvrage lui vaut des critiques élogieuses, dont certaines issues de la droite nationaliste (Barrès) et antisémite (Drumont). Les sentiments catholiques nouvellement exprimés par Péguy signifient-ils pour autant qu'il a renoncé à ses engagements antérieurs ? C'est pour faire taire ce soupçon qu'il rédige le texte publié sous le titre* Notre jeunesse *en juillet 1910, où il réaffirme fortement ses convictions dreyfusardes et son horreur de l'antisémitisme. L'écrivain profite de cette occasion pour régler quelques comptes avec les clichés antisémites les plus répandus de l'époque.*

Parmi ces clichés, ceux qui associent le judaïsme à l'argent figurent parmi les plus tenaces. Cette association se nourrit de l'histoire des juifs, qui avaient rarement accès à la terre, quand l'agriculture ne leur était pas interdite, et qui, comme de nombreux peuples parias, se sont spécialisés dans le commerce d'argent. À l'époque moderne, le banquier juif vient remplacer l'usurier dans l'imaginaire collectif. Le discours antisémite se cristallise volontiers sur la figure de Rothschild, présenté comme l'incarnation tout à la fois du capitalisme financier et de la « finance cosmopolite ».

Péguy rappelle ici le caractère fantasmatique de l'association judaïsme/ argent et s'emploie surtout à montrer que les oppositions les plus saillantes dans la France du début du XX*e* *siècle sont fondées sur les inégalités de fortune : plutôt que d'opposer imaginairement chrétiens et juifs, il faut s'en prendre à la frontière politique pertinente, celle qui sépare la richesse de la pauvreté.*

Les antisémites parlent des Juifs. Je préviens que je vais dire une énormité : Les antisémites ne connaissent point les Juifs. Ils en parlent, mais ils ne les connaissent point. Ils en souffrent, évidemment beaucoup, mais ils ne les connaissent point. Les antisémites riches connaissent peut-être les Juifs riches. Les antisémites capitalistes connaissent peut-être les Juifs capitalistes. Les antisémites d'affaires connaissent peut-être les Juifs d'affaires. Pour la même raison je ne connais guère que des Juifs pauvres et des Juifs misérables. Il y en a. Il y en a tant que l'on n'en sait pas le nombre. J'en vois partout.

Il ne sera pas dit qu'un chrétien n'aura pas porté témoignage pour eux. Il ne sera pas dit que je n'aurai pas témoigné pour eux. Comme il ne sera pas dit qu'un chrétien ne témoignera pas pour Bernard-Lazare[30].

Depuis vingt ans je les ai éprouvés, nous nous sommes éprouvés mutuellement. Je les ai trouvés toujours solides au poste, autant que personne, affectueux, solides, d'une tendresse propre, autant que personne, d'un attachement, d'un dévouement, d'une piété inébranlable, d'une fidélité, à toute épreuve, d'une amitié réellement mystique, d'un attachement, d'une fidélité inébranlable à la mystique de l'amitié.

L'argent est tout, domine tout dans le monde moderne à un tel point, si entièrement, si totalement que la séparation sociale horizontale des riches et des pauvres est devenue infiniment plus grave, plus coupante, plus absolue si je puis dire que la séparation verticale de race des juifs et des chrétiens. La dureté du monde moderne sur les pauvres, contre les pauvres, est devenue si totale, si effrayante, si impie ensemble sur les uns et sur les autres, contre les uns et contre les autres.

Dans le monde moderne les connaissances ne se font, ne se propagent qu'horizontalement, parmi les riches entre eux, ou parmi les pauvres entre eux. Par couches horizontales.

Pauvre je porterai témoignage pour les Juifs pauvres. Dans la commune pauvreté, dans la misère commune pendant vingt ans je les ai trouvés d'une sûreté, d'une fidélité, d'un dévouement, d'une solidité, d'un attachement, d'une mystique, d'une piété dans l'amitié inébranlable. Ils y ont d'autant plus de mérite, ils y ont d'autant plus de vertu qu'en même temps, en plus de nous, ils ont sans cesse à lutter contre les accusations, contre les inculpations, contre

30. Ami de Péguy, historien de l'antisémitisme, très engagé dans le camp dreyfusard, *Notre Jeunesse* lui rend largement hommage.

les calomnies de l'antisémitisme, qui sont précisément toutes les accusations du contraire.

Que voyons-nous. Car enfin il ne faut parler que de ce que nous voyons, il ne faut dire que ce que nous voyons ; que voyons-nous. Dans cette galère du monde moderne je les vois qui rament à leur banc, autant et plus que d'autres, autant et plus que nous. Autant et plus que nous subissant le sort commun. Dans cet enfer temporel du monde moderne je les vois comme nous, autant et plus que nous, trimant comme nous, éprouvés comme nous. Épuisés comme nous. Surmenés comme nous. Dans les maladies, dans les fatigues, dans la neurasthénie, dans tous les surmenages, dans cet enfer temporel j'en connais des centaines, j'en vois des milliers qui aussi difficilement, plus difficilement, misérablement que nous gagnent péniblement leur misérable vie.

Dans cet enfer commun.

Des riches il y aurait beaucoup à dire. Je les connais beaucoup moins. Ce que je puis dire, c'est que depuis vingt ans j'ai passé par beaucoup de mains. Le seul de mes créanciers qui se soit conduit avec moi non pas seulement comme un usurier, mais ce qui est un peu plus, comme un créancier, comme un usurier de Balzac, le seul de mes créanciers qui m'ait traité avec une dureté balzacienne, avec la dureté, la cruauté d'un usurier de Balzac n'était point un Juif. C'était un Français, j'ai honte à le dire, on a honte à le dire, c'était hélas un « chrétien », trente fois millionnaire. *Que n'aurait-on pas dit s'il avait été Juif.*

Jusqu'à quel point leurs riches les aident-ils. Je soupçonne qu'ils les aident un peu plus que les nôtres ne nous aident. Mais enfin il ne faudrait peut-être pas le leur reprocher. C'est ce que je disais à un jeune antisémite, joyeux mais qui m'écoute ; sous une forme que je me permets de trouver saisissante. Je lui disais : — Mais enfin, pensez-y, c'est pas facile d'être Juif. Vous leur faites toujours des reproches contradictoires. Quand leurs riches ne les soutiennent pas, quand leurs riches sont durs vous dites : *C'est pas étonnant, ils sont Juifs.* Quand leurs riches les soutiennent, vous dites : *C'est pas étonnant, ils sont Juifs. Ils se soutiennent entre eux.* — — Mais, mon ami, les riches chrétiens n'ont qu'à en faire autant. Nous n'empêchons pas les chrétiens riches de nous soutenir entre nous.

C'est pas facile d'être Juif. Avec vous. Et même sans vous. Quand ils demeurent insensibles aux appels de leurs frères, aux cris des persécutés, aux plaintes, aux lamentations de leurs frères meurtris dans tout le monde vous dites : *C'est des mauvais Juifs.* Et s'ils ouvrent seulement l'oreille aux lamentations qui montent du Danube et du Dniepr vous dites : *Ils nous trahissent. C'est des mauvais Français.*

Ainsi vous les poursuivez, vous les accablez sans cesse de reproches contradictoires. Vous dites : *Leur finance est Juive, elle n'est pas française.* Et la finance française, mon ami, est-ce qu'elle est française ?

Est-ce qu'il y a une finance qui est française ?

Vous les accablez sans cesse de reproches contradictoires. Au fond, ce que vous voudriez, c'est qu'ils n'existent pas. Mais cela, c'est une autre question.

Que n'aurait-on pas dit s'il avait été Juif? Ils sont victimes d'une illusion d'optique très fréquente, très connue dans les autres ordres, dans l'ordre de l'optique même. De l'optique propre. Comme on pense toujours à eux, à présent, comme on ne pense qu'à eux, comme l'attention est toujours portée sur eux, depuis que la question de l'antisémitisme est soulevée (et sur cette question même de l'antisémitisme il faudrait (en) faire toute une histoire, il faudrait en faire l'histoire, voir comment il vient pour un tiers d'eux, pour un tiers des antisémites, professionnels, *et pour les deux autres tiers*, comme disait un professeur, pour les deux autres tiers de mécanismes), depuis que la question de l'antisémitisme est ainsi posée, comme on ne pense qu'à eux, comme toute l'attention est toujours sur eux, comme ils sont toujours dans le faisceau de lumière, comme ils sont toujours dans le blanc du regard ils sont très exactement victimes de cette illusion d'optique bien connue qui nous fait voir un carré *blanc sur noir* beaucoup plus grand que le même carré *noir sur blanc*, qui paraît tout petit. Tout carré *blanc sur noir* paraît *beaucoup* plus grand que le même carré *noir sur blanc*. Tout ainsi tout acte, toute opération, tout carré *juif sur chrétien* nous paraît, nous le voyons beaucoup plus grand que le même carré *chrétien sur juif*. C'est une pure illusion d'optique historique, d'optique pour ainsi dire géographique et topographique, d'optique politique et sociale qu'il y aura lieu quelque jour d'examiner dans un plus grand détail.

« Notre jeunesse », *Les cahiers de la Quinzaine*, 12e cahier de la onzième série, 1910, pp. 186-191

Charles Péguy (1873-1914),
Le monde moderne, un enfer pour les pauvres

Le monde moderne est un « enfer » pour les pauvres. Ni apologie de la pauvreté, ni encouragement à la résignation, comme une lecture hâtive pourrait le laisser penser, cet extrait de L'Argent *constitue une violente dénonciation des inégalités de condition. Alors même qu'on peut voir dans la société dont Péguy est témoin « tant d'argent rouler pour le plaisir », toute une partie de la population est menacée d'une insécurité fondamentale. Si l'économie capitaliste aboutit au désastre, ce n'est pas seulement en créant de la pauvreté, mais en rendant instable la vie de tous, y compris celle de ceux qui se tiennent à l'écart et n'aspirent qu'à vivre de leur travail. « Avant » – Péguy magnifie le passé, ce qui lui a parfois valu d'être considéré comme un écrivain conservateur –, la pauvreté n'ôtait jamais la perspective de gagner son pain. L'économie capitaliste supprime toutes les certitudes des pauvres, à commencer par celle de ne pas basculer dans la misère.*

Tout cet ancien monde était essentiellement le monde de *gagner sa vie*.
Pour parler plus précisément ils croyaient que l'homme qui se cantonne dans la pauvreté et qui a, même moyennement, les vertus de la pauvreté, y trouve une petite sécurité totale. Ou pour parler plus profondément ils croyaient que le pain quotidien est assuré, par des moyens purement temporels, par le jeu même des balancements économiques, à tout homme qui ayant les vertus de la pauvreté consent, (comme d'ailleurs on le doit), à se borner dans la pauvreté. (Ce qui d'ailleurs pour eux était en même temps et en cela même non pas seulement le plus grand bonheur, mais le seul bonheur même que l'on pût imaginer). (Bien se loger dans une petite maison de pauvreté).

On se demande où a pu naître, comment a pu naître une croyance aussi stupide, (notre profond secret, notre dernière et notre secrète règle, notre règle de vie secrètement caressée) ; on se demande où a pu naître, comment a pu naître une opinion aussi déraisonnable, un jugement sur la vie aussi pleinement indéfendable. Que l'on ne cherche pas. Cette morale n'était pas stupide. Elle était juste alors. Et même elle était la seule juste. Cette croyance n'était pas absurde. Elle était fondée en fait. Et même elle était la seule fondée en fait. Cette opinion n'était point déraisonnable, ce jugement n'était point indéfendable. Il procédait au contraire de la réalité la plus profonde de ce temps-là.

On se demande souvent d'où est née, comment est née cette vieille morale classique, cette vieille morale traditionnelle, cette vieille morale du labeur et de la sécurité dans le salaire, de la sécurité dans la récompense, pourvu que l'on se bornât dans les limites de la pauvreté, et par suite et enfin de la sécurité dans le bonheur. Mais c'est précisément ce qu'ils voyaient ; tous les jours. Nous, c'est ce que nous ne voyons jamais, et nous nous disons : Où avaient-ils inventé ça ? Et nous croyons, (parce que c'étaient des maîtres d'école, et des curés, c'est-à-dire en un certain sens encore des maîtres d'école), nous croyons que c'était une invention, scolaire, intellectuelle. Nullement. Non. C'était cela au contraire qui était la réalité, même. Nous avons connu un temps, nous avons touché un temps où c'était cela qui était la réalité. Cette morale, cette vue sur le monde, cette vue du monde avait au contraire tous les sacrements scientifiques. C'était elle qui était d'usage, d'expérience, pratique, empirique, expérimentale, de fait constamment accompli. C'était elle qui savait. C'était elle qui avait vu. Et c'est peut-être là la différence la plus profonde, l'abîme qu'il y ait eu entre tout ce grand monde antique, païen, chrétien, français, et notre monde moderne, coupés comme je l'ai dit, à la date que j'ai dite. Et ici nous recoupons une fois de plus cette ancienne proposition de nous que le monde moderne, lui seul et de son côté, se contrarie d'un seul coup à tous les autres mondes, à tous les anciens mondes ensemble en bloc et de leur côté. Nous avons connu, nous avons touché un monde, (enfants nous en avons participé), où un homme qui se bornait dans la pauvreté était au moins garanti dans la pauvreté. C'était une sorte de contrat sourd entre l'homme et le sort, et à ce contrat le sort n'avait jamais manqué avant l'inauguration des temps modernes. Il était entendu que celui qui faisait de la fantaisie, de l'arbitraire, que celui qui introduisait un jeu, que celui qui voulait s'évader de la pauvreté risquait tout. Puisqu'il introduisait le jeu, il pouvait perdre. Mais celui qui ne jouait pas ne pouvait pas perdre. Ils ne pouvaient pas soupçonner qu'un temps venait, et qu'il était déjà là, et c'est précisément le temps moderne, où celui qui ne jouerait pas perdrait tout le temps, et encore plus sûrement que celui qui joue.

Ils ne pouvaient pas prévoir qu'un tel temps venait, qu'il était là, que déjà il surplombait. Ils ne pouvaient pas même supposer qu'il y eût jamais, qu'il dût y avoir un tel temps. Dans leur système, qui était le système même de la réalité, celui qui bravait risquait évidemment tout, mais celui qui ne bravait pas ne risquait absolument rien. Celui qui tentait, celui qui voulait s'évader de la pauvreté, celui qui jouait de s'évader de la pauvreté risquait évidemment de retomber dans les plus extrêmes misères. Mais celui qui ne jouait pas, celui qui se bornait dans la pauvreté, ne jouant, n'introduisant aucun risque, ne courait non plus aucun risque de tomber dans aucune misère. L'acceptation de la pauvreté décernait une sorte de brevet, instituait une sorte de contrat. L'homme qui résolument se bornait dans la pauvreté n'était jamais traqué dans la pauvreté. C'était un réduit. C'était un asile. Et il était sacré. Nos maîtres ne prévoyaient pas, et comment eussent-ils soupçonné, comment eussent-ils imaginé ce purgatoire, pour ne pas dire cet enfer du monde moderne où celui qui ne joue pas perd, et perd toujours, où celui qui se borne dans la pauvreté est incessamment poursuivi dans la retraite même de cette pauvreté.

Nos maîtres, nos anciens ne pouvaient prévoir, ne pouvaient imaginer cette mécanique, cet automatisme économique du monde moderne où tous nous nous sentons d'année en année plus étranglés par le même carcan de fer qui nous serre plus fort au cou.

Il était entendu que celui qui voulait sortir de la pauvreté risquait de tomber dans la misère. C'était son affaire. Il rompait le contrat conclu avec le sort. Mais on n'avait jamais vu que celui qui voulait se borner dans la pauvreté fût condamné à retomber perpétuellement dans la misère. On n'avait jamais vu que ce fût le sort qui rompît le contrat. Ils ne connaissaient pas, ils ne pouvaient prévoir cette monstruosité, moderne, cette tricherie, nouvelle, cette invention, cette rupture du jeu, que celui qui ne joue pas perdît continuellement.

(Étant donné que nous faisons de la pauvreté à la misère cette différence par les définitions, cette discrimination si profonde et qui va si loin qu'il y a de l'une à l'autre, détermination que j'avais commencé de reconnaître, à propos de l'admirable roman de Lavergne, dans un cahier intitulé *de Jean Coste*).

Dans le système de nos bons maîtres, curés et laïques, et laïcisateurs, et c'était le même système de la réalité, celui qui voulait sortir de la pauvreté par en haut risquait d'en sortir, d'en être précipité par en bas. Il n'avait rien à dire. Il avait dénoncé le pacte. Mais la pauvreté était sacrée. Celui qui ne jouait pas, celui qui ne voulait pas s'en évader par en haut ne courait aucun risque d'en être précipité par en bas. *Fideli fidelis*, à celui qui lui était fidèle la pauvreté était fidèle. Et à nous il nous était réservé de connaître une pauvreté infidèle.

À nous il nous était réservé que la pauvreté même nous fût infidèle. Pour tout dire d'un mot à nous il nous était réservé que le mariage même de la pauvreté fût un mariage adultère.

En d'autres termes ils ne pouvaient prévoir, ils ne pouvaient imaginer cette monstruosité du monde moderne, (qui déjà surplombait), ils n'avaient point à concevoir ce monstre d'un Paris comme est le Paris moderne où la population est coupée en deux classes si parfaitement séparées que jamais on n'avait vu tant d'argent rouler pour le plaisir, et l'argent se refuser à ce point au travail.

Et tant d'argent rouler pour le luxe et l'argent se refuser à ce point à la pauvreté.

En d'autres termes, en un autre terme ils ne pouvaient point prévoir, ils ne pouvaient point soupçonner ce règne de l'argent. Ils pouvaient d'autant moins le prévoir que leur sagesse était la sagesse antique même. Elle venait de loin. Elle datait de la plus profonde antiquité, par une filiation temporelle, par une descendance naturelle que nous essayerons peut-être d'approfondir un jour.

Il y a toujours eu des riches et des pauvres, *et il y aura toujours des pauvres parmi vous*[31], et la guerre des riches et des pauvres fait la plus grosse moitié de l'histoire grecque et de beaucoup d'autres histoires et l'argent n'a jamais cessé d'exercer sa puissance et il n'a point attendu le commencement des temps modernes pour effectuer ses crimes. Il n'en est pas moins vrai que le mariage de l'homme avec la pauvreté n'avait jamais été rompu. Et au commencement des temps modernes il ne fut pas seulement rompu, mais l'homme et la pauvreté entrèrent dans une infidélité éternelle.

Quand on dit les anciens, au regard des temps modernes, il faut entendre ensemble et les anciens Anciens et les anciens chrétiens. C'était le principe même de la sagesse antique que celui qui voulait sortir de sa condition les dieux le frappaient sans faute. Mais ils frappaient beaucoup moins généralement celui qui ne cherchait pas à s'élever au-dessus de sa condition. Il nous

31. Évangile selon Saint Mathieu, 21, 11.

était réservé, il était réservé au temps moderne que l'homme fût frappé dans sa condition même.

« L'Argent », *Les Cahiers de la quinzaine*, 6e cahier de la quatorzième série, 1913, pp. 45-50.

Léon Blum (1872-1950),
Dépasser l'appât du gain

Les imprécations des socialistes contre l'argent sont célèbres, qu'il s'agisse de la dénonciation du « Mur d'argent » par Édouard Herriot en 1926, des « deux cents familles » par Édouard Daladier en 1934, ou de la fameuse tirade – remise au goût du jour par François Hollande pendant sa campagne électorale – de François Mitterrand en 1971 à Épinal : « Le véritable ennemi, j'allais dire le seul, parce que tout passe par chez lui, le véritable ennemi [...] c'est le Monopole ! terme extensif... pour signifier toutes les puissances de l'argent, l'argent qui corrompt, l'argent qui achète, l'argent qui écrase, l'argent qui tue, l'argent qui ruine, et l'argent qui pourrit jusqu'à la conscience des hommes ! » Rien de tel dans la brochure à destination de la jeunesse de Léon Blum, Pour être socialiste, *mais une démonstration analytique de la possibilité d'une société et d'une organisation économique où l'argent ne serait pas la valeur suprême.*

Normalien, puis membre du Conseil d'État à 23 ans, Léon Blum entre en politique lors de l'affaire Dreyfus. Il rencontre Jaurès en 1897 et participe avec lui à la fondation de L'Humanité *en 1904. Député de 1919 à 1940, président du conseil du Front populaire, il est arrêté et jugé par le gouvernement de Vichy, puis livré aux Allemands qui l'emprisonnent près du camp de Buchenwald. Après la guerre, il est à nouveau président du Conseil entre 1946 et 1947.*

Blum écrit ce texte en 1919, peu de temps après avoir accédé au cercle dirigeant de la SFIO et juste avant les élections législatives. Il y expose sa conception du socialisme, une doctrine qui vise la justice et l'égalité, et qui prouvera que l'homme n'est pas mû par l'appât du gain. Au sortir de la guerre, Blum entend prouver qu'une discipline de « création et de vie » peut remplacer la destruction et la mort. En se débarrassant d'une conception intéressée et matérialiste de l'action humaine, en partageant équitablement le fruit du travail, le socialisme parviendra à profiter pleinement du progrès technique et à créer « une place pour tous sous le soleil ».

RÉALISER LA FRATERNITÉ COMME L'ÉGALITÉ

Le bien des hommes appartient collectivement à tous les hommes ; le travail des hommes – des vivants et des morts – doit profiter collectivement à tous les hommes. Chacun doit son plein travail à l'œuvre commune ; chacun doit recueillir sa part du travail commun. En ces quelques formules si simples tient l'essentiel de la pensée socialiste. Notre doctrine est donc celle qui peut réaliser la fraternité comme l'égalité. Qui peut la contester ou la combattre ? Ceux qui ne veulent pas la comprendre ou ceux qu'elle lèse dans leurs intérêts. Ceux dont elle ferait tomber les privilèges, ceux dont elle ferait cesser l'usurpation. Usurpation consacrée par la loi, protégée par toutes les puissances de propagande et de contrainte, perpétuée par toutes les formes de l'héritage social, mais qui, toujours contraire à la raison et à la justice, se trouve aujourd'hui en contradiction manifeste avec la moralité générale de ce monde, avec les lois et les besoins généraux de la production. La propriété, dans la légalité capitaliste, c'est l'absorption totale et éternelle de la chose appropriée, c'est le droit d'en user à son gré, de la transformer, de la transmettre, de la détruire. Le propriétaire d'un stock de blé peut le brûler, s'il lui plaît, quand le pain manque à la ville voisine. Le propriétaire d'une usine peut la laisser chômer, s'il lui plaît, quand des outils de première nécessité manquent à l'industrie ou à la culture. Peu importe l'intérêt commun, la chose est à lui. Le jeu de la concentration, de la capitalisation, de l'héritage pourra rassembler dans les mains d'une centaine d'hommes, à la rigueur dans les mains d'un seul – Wells a fait ce rêve – toute la propriété utile du monde. Peu importe l'esclavage universel, la propriété reste sacrée... Peut-être, mais c'est l'instinct de conservation qui doit alors, à lui seul, légitimer la révolte. Songeons que la propriété individuelle a déjà subi quelques atteintes, que le progrès matériel et moral des sociétés a déjà arraché au propriétaire quelques-uns de ses attributs séculaires. Un Romain était propriétaire de ses enfants comme de ses animaux de somme ; il pouvait les vendre ou les tuer. Un planteur des Antilles était propriétaire de ses esclaves comme de ses champs de canne à sucre. Mais la conscience humaine a élevé son cri et ces formes de la propriété sont tombées. D'autres tomberont à leur tour, qui sont nées de la même conception déviée et exorbitante du droit. Ce que nous disons aujourd'hui, c'est qu'un homme ne peut demeurer maître absolu, maître unique, maître éternel par sa descendance, de ce que la collectivité des hommes a jadis recueilli ou créé, de ce qui conditionne aujourd'hui la vie collective des hommes. Et nous avons proclamé le socialisme, quand nous avons dit cela.

Vous entendez d'ici les répliques intéressées ou sceptiques. Quoi, nous disent les railleurs, pour justifier le socialisme, ce sont les lois économiques, les nécessités de la production que vous invoquez ! Touchant paradoxe ! Mais vous savez bien que les hommes n'ont pas naturellement le goût du travail. Pourquoi travaille-t-on ? Pour gagner de l'argent, pour épargner, pour transmettre à ses enfants le fruit de son épargne. Quand vous aurez supprimé ces deux stimulants de la paresse humaine, le désir du gain et l'héritage, vous aurez tout bonnement rejeté l'animal humain à son apathie atavique. Il ne travaillera plus que pour satisfaire à ses besoins élémentaires, ou bien il ne travaillera plus que par contrainte. État de production indéfiniment raréfiée, ou bien état de travaux forcés et de chiourme, votre cité socialiste aboutira nécessairement à l'un ou à l'autre. Choisissez...

Il faut bien que je suppose ce langage. On vous l'a tenu, ou vous l'avez entendu tenir. Il faut bien aussi que j'y réponde, quelque découragement que l'on éprouve à chasser sans cesse devant soi l'éternelle sottise, l'éternelle routine, l'éternelle incrédulité. Où a-t-on pris qu'un célibataire, qu'un homme ou qu'une femme sans enfants fussent moins actifs, moins industrieux, moins âpres au gain, qu'un père de famille ? Que chacun regarde près de lui, et vérifie. J'ai vu souvent que la charge de famille obligeait un homme à un travail excessif, surmenant, pauvrement rémunéré. Je n'ai jamais vu que le défaut d'enfants détournât l'homme d'un effort utile et fît d'un travailleur un oisif. La vérité est, tout simplement, que, par un secret instinct de moralité, nous sommes moins honteux de rapporter à nos enfants qu'à nous-mêmes notre appétit personnel de lucre. Il arrive que des bourgeois prennent plus tôt le temps de « se retirer des affaires » comme ils disent, parce que leur fortune acquise, médiocre pour de nombreux enfants, suffit au contraire à leur ménage stérile. Mais, qu'ils vendent leur fonds de commerce ou ferment leur boutique, de quelle activité utile cette retraite prématurée prive-t-elle la société ? Non, il n'est pas vrai que la transmission héréditaire, signe et moyen de l'usurpation capitaliste, soit l'agent indispensable de la prospérité sociale... L'appât du gain, l'envie de gagner de l'argent ? c'est autre chose. Si nous considérons autour de nous la mêlée des hommes, elle paraît dirigée, en effet, par ce mobile unique. Gagner de l'argent, c'est le véritable idéal humain, le seul que proclame et qu'essaie de réaliser une société pervertie. Conquérir pour notre compte la plus large part des privilèges que l'argent représente ou permet d'acquérir, c'est le programme de vie que le spectacle contemporain nous propose. Tout nous appelle à cette lutte : l'opinion et la morale, qui devraient la flétrir, l'exaltent, et il faut une sorte d'héroïsme pour se soustraire volontairement à la contagion. C'est le sentiment moteur aujourd'hui, ne perdons pas notre peine à le contester. Mais où prend-on le droit de conclure que l'humanité n'en puisse pas connaître d'autre ? Le sophisme est là.

J'ai pour ma part une vue moins désespérée ou moins méprisante de l'humanité. Je crois, je suis sûr, vous êtes sûrs comme moi, que des mobiles d'une autre sorte peuvent pousser les hommes à surmonter leur indolence naturelle. Et d'abord, est-on si sûr que l'indolence leur soit naturelle ? Est-ce qu'au contraire, parmi les données naturelles du problème, j'entends celles qui nous sont fournies par la nature, nous n'avons pas le droit de poser le goût du travail ? L'homme aime déployer son activité, employer sa force. Quand il esquive la tâche, c'est que la société l'avait astreint à un labeur autre que celui où son tempérament propre le destinait. Ce désaccord, nous l'éviterons sans doute, nous qui plaçons à la base même de l'économie sociale la recherche de l'affinité entre le travail et le travailleur. C'est au contraire le loisir prolongé qui ennuie et qui accable, et, peut-être, dans la société future, aurons-nous plus de peine à occuper le loisir que le travail. Voilà la vérité, et, pour s'en convaincre, il suffit de s'éloigner quelque peu du spectacle présent des choses. Il suffit de s'élever par la pensée au-dessus du misérable niveau des mœurs actuelles, mœurs qui sont le produit direct, et non la cause, de notre régime social. Faisons cet effort. Considérons si c'est ou non l'appât du gain qui provoque les grands témoignages du travail humain, qui suscite les grandes tâches de l'histoire. Est-ce l'appât du gain qui a édifié les temples de l'Acropole ou les cathédrales gothiques ? Est-ce l'appât du gain qui a inspiré les grands ouvriers de la Renaissance, les grands constructeurs d'idées du XVIIIe siècle ?... Si la littérature et l'art sont devenus aujourd'hui métier et marchandise, c'est que la contagion du lucre a gagné l'écrivain et l'artiste, mais on ne nous citera pas une belle œuvre, dans aucun temps, que son auteur ait conçue dans un esprit mercantile. Est-ce l'appât du gain qui incite le savant à la méditation, à la découverte, est-ce pour « gagner de l'argent » qu'ont travaillé un Newton, un Lavoisier, un Ampère, un Pasteur ? L'invention pratique, le perfectionnement industriel ne sont pas dus davantage à l'espoir du profit, mais à un besoin intime de recherche et de trouvaille qui puise en lui-même sa satisfaction. Vous ne trouverez pas une tâche vraiment utile à l'humanité dont l'origine ne soit désintéressée... En revanche, nous voyons autour de nous quelle sorte d'activité le désir du gain provoque. C'est pour gagner de l'argent qu'on lance une affaire, qu'on monte une maison de banque, de courtage ou de commerce, qu'on achète et qu'on revend, qu'on agiote et qu'on spécule. Le désir du gain forme et entretient cette écume, cette fermentation putride que nous voyons s'étaler à la surface de la vie économique. La société actuelle est peuplée de hardis aventuriers, lancés à la conquête de l'or, et qui, par tous les moyens, essaient de dévier à leur bénéfice le courant des capitaux. Mais de quelle richesse réelle leur audace a-t-elle jamais accru le monde ? En quoi la société se trouvera-t-elle appauvrie quand nous l'aurons nettoyée de toutes ces initiatives parasitaires ? Elles déplacent arbitrairement la richesse, elles ne la créent pas. Vous trouverez le symbole de cette fausse activité dans un mouvement de hausse ou de baisse à la Bourse, qui fait passer dans la poche des uns l'argent des autres, mais qui ne modifie pas d'un sou le capital foncier du monde. En la supprimant, nous aurons mis fin à des exactions individuelles, nous n'aurons attenté à aucune utilité collective. Nous n'aurons pas altéré ou ralenti la vie sociale, nous l'aurons assainie au contraire, nous l'aurons guérie d'une maladie, d'une infection.

CONSACRER SON TRAVAIL À L'INTÉRÊT COLLECTIF

S'il était vrai que pour fournir sa contribution pleine de travail, l'homme eût à surmonter une inclination naturelle, il serait donc faux, en tout cas, que le désir du gain fût le mobile indispensable de cet effort. L'homme peut déployer cet effort, et il l'a fait, par la vertu des mobiles moraux. Il peut le faire par application désintéressée à l'œuvre entreprise, par fidélité à une discipline consentie, par dévouement à un idéal commun, par don de sa raison et de son âme à une grande foi. Considérez d'ailleurs les tâches qu'impose à l'humanité l'état présent du monde, et demandez-vous si c'est l'appétit égoïste du lucre qui peut nous mettre en état de les remplir. Le profit capitaliste, quoi qu'on fasse, ne sera jamais que l'apanage d'une oligarchie – je ne veux pas dire d'une élite – et l'humanité ne résoudra les problèmes de vie ou de mort posés devant elle par les circonstances, que grâce à l'effort concerté de tous les travailleurs. Elle ne les résoudra que si chaque travailleur détient en lui-même la claire conscience de consacrer son travail à l'intérêt collectif, qui comprend nécessairement son intérêt propre, au lieu de l'offrir en tribut à cette oligarchie privilégiée. Elle ne les résoudra que si une foi commune élève les travailleurs au-dessus des fins égoïstes, exalte leur vaillance, rassérène leur âme blessée par tant de souffrances et de misères. Cette foi, nous seuls la proposons aujourd'hui, nous seuls pouvons la créer, et la créer indistinctement chez tous les hommes. J'ajoute que nous seuls pouvons en placer les moyens et la récompense dès cette vie même, dès cette vie terrestre, et non dans le recul indéfini d'une immortalité.

Mais, si vous le voulez bien, retournons l'argument, reprenons l'offensive. Recherchons, dans la société actuelle, les effets et les incidences d'un travail vraiment créateur. Je suppose que, demain, un inventeur imagine quelque outillage nouveau qui bouleverse la technique d'une des grandes industries directrices, la métallurgie ou le tissage, qui réduise dans une proportion considérable la main-d'œuvre et le prix de revient. Il y a d'abord bien des chances pour que cet inventeur méconnu, comme tant d'autres, meure dans le désespoir et la misère. De vains appels aux capitalistes, qui seuls aujourd'hui peuvent mettre en œuvre de nouveaux procédés mécaniques, auront épuisé sa patience, abrégé sa vie ; puis, quelques années plus tard, une société financière exploitera ses brevets acquis à vil prix et en recueillera le bénéfice immense. Mais admettons que, par une exception providentielle, lui-même ait pu faire valoir sa découverte. Je vois bien le profit qu'il en retirera lui-même : nous aurons sur la terre un milliardaire de plus. Quel profit en recueillera la collectivité ?

En attendant que l'industrie universelle se soit adaptée aux procédés nouveaux, des centaines d'usines seront condamnées au chômage. Le déplacement de la main-d'œuvre déterminera une baisse générale des salaires ; la masse des produits jetés sur le marché provoquera les troubles économiques les plus complexes. Verrons-nous du moins le consommateur profiter de la réduction des prix de revient ? Pas le moins du monde ; il n'en profitera que dans une mesure dérisoire. Les prix de vente ne seront abaissés que de la quotité nécessaire pour étouffer les concurrences, et notre inventeur empochera le surplus. Une crise universelle d'une part ; de l'autre une immense fortune individuelle, c'est-à-dire éternellement transmissible. Tel est le bilan. Est-ce qu'il ne révolte pas la raison ?

Notre inventeur viendra nous répliquer : « Ma fortune est cependant bien à moi : je l'ai gagnée ; elle est le fruit de ma découverte, le produit de mon travail. » Mais est-il vrai que sa découverte soit bien à lui ? Le même homme l'aurait-il menée à terme, vivant seul dans une île déserte, ou naissant dans quelque tribu sauvage de l'Océanie ? Ne suppose-t-elle pas, au contraire, tout l'actif préalable au travail humain ? N'est-elle pas pour le moins, le résultat d'une collaboration, d'une coïncidence entre son génie individuel et l'effort collectif de la civilisation ? La collectivité devrait donc, pour le moins, recueillir sa part du bénéfice. Pourquoi s'en trouve-t-elle frustrée, non seulement au profit de l'inventeur lui-même, mais de ses descendants jusqu'à la dernière génération ?... Et cet exemple ne vous fait-il pas toucher du doigt l'injustice foncière qui gît à la racine même des modes actuels de la propriété ?

Il est arrivé parfois dans l'histoire que les masses ouvrières s'insurgeassent contre les progrès du machinisme qui les privaient momentanément de leur gagne-pain. Et l'on nous désignait, avec une pitié insultante, l'égarement de ces travailleurs dressés contre la science et le progrès. Ils avaient tort contre la science et le progrès. Ils avaient raison contre la société capitaliste. Était-ce leur faute si un progrès de la civilisation collective, qui devrait raisonnablement se traduire par un accroissement du bien-être collectif, n'engendrait pour eux que la misère et la famine ? À mesure que l'outillage humain se perfectionne, à mesure que la science, œuvre commune des hommes, étend son empire sur les forces naturelles, quel devrait être le résultat ? L'augmentation de la somme des produits dont chacun dispose, la diminution de la somme de travail que chacun doit. Chaque pas en avant de la civilisation devrait ainsi se traduire par un bénéfice unanime, universel, et il se traduit au contraire par une nouvelle rupture d'équilibre entre ceux qui possèdent et ceux qui travaillent. Nous concevons, nous, une société qui, comme le sens du mot l'impose, fasse vraiment des associés de tous les individus qu'elle englobe, qui fasse profiter chaque homme du travail de tous, qui les fasse profiter tous de chaque extension de l'industrie et de la science.

De grands penseurs ont attendu de la science le renouvellement des sociétés humaines. Comme les ouvriers révoltés devant la machine ils avaient raison et ils avaient tort. La science accroît et accroîtra sans mesure le rendement du travail, mais, si le pacte social demeure vicié dans son essence par une clause inique, en accroissant les richesses, nous n'aurons fait qu'accroître l'iniquité. Nous aurons multiplié les prélèvements du capital sur le travail, nous aurons multiplié la divergence entre les profits du capitaliste et les salaires du travailleur. Si la règle du partage est injuste, l'injustice augmentera avec la masse des produits à partager... C'est avec le socialisme que la science deviendra vraiment bienfaitrice, et l'on peut dire en ce sens que socialisme et science sont vraiment le complément l'un de l'autre. La science développe les richesses de l'humanité ; le socialisme en assurera l'exploitation rationnelle et la distribution équitable. Chaque découverte de la science, quel que soit le domaine particulier où elle se manifeste, se trouvera en quelque sort étalée sur l'ensemble du corps social pour déterminer en lui une amélioration : augmentation du bien-être si la somme des denrées est augmentée, augmentation du loisir si la somme du travail nécessaire pour les produire est réduite. Inversement, l'instauration du régime socialiste implique comme un appel ardent et constant au secours de la science. En utilisant aussitôt, pour le bien commun, chaque conquête de la science, nous en provoquerons incessamment de nouvelles ; sans cesse nous mettrons au point son programme de recherches, tout en développant autour d'elle l'atmosphère de désintéressement et de confiance dont elle a besoin.

C'est ainsi que le socialisme seul, résolvant cette contradiction mortelle, peut replacer la société déviée sur la véritable route du progrès. Je me garderai bien de tracer un tableau paradisiaque de l'état de choses qu'il veut créer. Je sais trop que, dans ce monde, la nature elle-même introduit des causes irréductibles de souffrance. Nous ne supprimerons pas la maladie, la mort des enfants, l'amour malheureux, mais, à côté de ces misères naturelles, il en est d'autres qui sont le produit d'un mauvais état social et qui peuvent disparaître avec lui. Imaginez le groupement humain, une fois débarrassé de ces entraves artificielles. Supposez que, par une sélection judicieuse, tous les individus se trouvent distribués dans les divers quartiers de l'activité sociale ; supposez que chacun, sans exception, donne à la société chaque jour quelques heures de travail utile, j'entends du travail qu'il aime, car l'intérêt commun concorde ici, comme en toutes choses, avec les conditions du bonheur personnel. Supposez que, dans l'univers entier, la production soit organisée de façon à obtenir le meilleur rendement des ressources naturelles, chaque terroir ou chaque groupe fabriquant ou cultivant ce qu'il peut créer avec le plus d'abondance, de perfection ou d'économie, toute concurrence nationale ou internationale supprimée, les méthodes et les outils les plus récents venant sans cesse au service du travail. Supposez que tout le travail humain soit ordonné comme une usine unique, où la tâche particulière de chaque atelier, de chaque ouvrier vient s'assembler dans un programme d'ensemble constamment révisé selon les ressources et les besoins. Supposez que ce programme se limite aux productions vraiment utiles, et ne gaspille plus tant d'activité laborieuse pour satisfaire – ou même pour créer – des besoins factices, des modes d'un jour. Ne croyez-vous pas que cet effort discipliné suffirait pour assurer à chaque homme ce que l'humanité lui doit de naissance : le bien-être, sinon le bonheur ? N'y a-t-il pas place pour tous sous le soleil ? Le travail commun ne peut-il pas assurer à chacun une nourriture abondante, des vêtements commodes, un logement spacieux et sain, le libre usage de toutes les ressources et de tout l'outillage collectifs ?

Vues chimériques, nous dira-t-on. Mais où donc est la chimère ? Nous venons de voir, pendant cinq ans, l'humanité se plier à une discipline de destruction et de mort. Ne pourra-t-elle accepter une discipline de création et de vie ? Pendant cinq ans toute l'activité des hommes s'est trouvée réellement ordonnée sur un plan commun, vers un but unique. Nous voulons faire pour l'avantage commun ce qui s'est fait pour la misère commune ; au profit de tous, ce qui s'est fait au profit de quelques-uns. Si nous avions disposé pendant cinq ans, à notre guise et sans conteste, de toutes les puissances du travail, de toutes les richesses de la terre doutez-vous que nous eussions ordonné le monde selon nos chimères ?... Vues misérables, viendra-t-on nous dire encore ! Théories qui n'invoquent et ne veulent satisfaire en l'homme que l'appétit purement matériel !... Ce serait déjà beaucoup que les satisfaire. Ce serait quelque chose d'avoir purgé la société des maux qui la déshonorent, et qu'un cœur pitoyable, un esprit droit ne peuvent contempler sans révolte et sans honte : la misère, la faim, tout leur lamentable cortège de maladies, d'abêtissements, de dégradations. Mais il n'est pas vrai que nous nous adressions à l'animal humain, à la bête humaine. Nous nous adressons, vous l'avez vu, à ce qu'il y a de plus pur, de plus élevé dans l'homme : l'esprit de justice, d'égalité, de fraternité. Dans l'esclave opprimé, nous voulons susciter cette moralité nouvelle qui s'éveille avec la liberté.

La liberté du corps entraîne celle du cœur et de l'esprit. En brisant la servitude du travail, nous entendons briser toutes les servitudes. Le socialisme transformera, renouvellera la condition de la femme, la condition de l'enfant, la vie passionnelle, la vie de famille. Il comporte comme une libération, comme une épuration universelles. En créant et en organisant le loisir pour tous les travailleurs – loisir vrai où l'activité persiste, et non pas repos accablé après le surmenage d'un labeur excessif –, il permettra l'accession de tous aux plus nobles occupations humaines ; il ouvrira tout grands à tous les trésors de la science, des lettres, de l'art. Je me rappelle ce mot profond d'un philosophe : « Tout dans l'arbre veut être fleur... » Dans l'humanité aussi tout aspire à la floraison, au plus riche épanouissement de l'esprit et de l'âme. Cet instinct, refoulé jusqu'au tréfonds de la conscience par toutes les contraintes, par toutes les misères sociales, c'est le socialisme qui saura lui rendre sa force et sa splendeur.

Léon Blum, *Pour être socialiste*, Paris, Éditions de la fédération nationale des jeunesses socialistes, Librairie du Parti socialiste et de l'Humanité, 1919, p. 32

Georges Bataille (1897-1962),
L'argent mesquin du bourgeois

Se rebeller contre l'argent, c'est refuser le mode de vie que suppose un monde qui lui a donné la première place. Et ce monde, c'est celui que les économistes classiques ont façonné, en réussissant à faire de ce que Norbert Élias nommera en 1974 l'« ethos de la bourgeoisie professionnelle » le modèle de la vie « raisonnable » et morale. Le rapport bourgeois à l'argent, c'est le calcul, la prévision, les dépenses en accord avec les recettes, l'accumulation pour la transmission du patrimoine, une conception centrée sur l'individu et sur sa famille. Georges Bataille, connu pour son œuvre littéraire multiforme, marquée par la transgression et l'érotisme, mais aussi pour son immense culture, son inspiration nietzschéenne, sa proximité avec les surréalistes et avec les courants critiques, s'érige contre cette mesquinerie.

Dans ce texte de 1933, paru dans La Critique sociale, *le journal de Boris Souvarine, Bataille s'appuie sur l'anthropologie pour démontrer l'impossibilité de la « conception raisonnable » de la vie que les parents bourgeois tentent d'imposer à leurs enfants. En effet, la vie humaine ne se réalise que dans la dépense, que Bataille définit comme toute consommation « improductive », c'est-à-dire non liée à la production et à la conservation : « le luxe, les deuils, les guerres, les cultes, les constructions de monuments somptuaires, les jeux, les spectacles, les arts, l'activité sexuelle perverse (c'est-à-dire détournée de la finalité génitale) ». Le* potlatch – *dans* Essai sur le don, *publié en 1923, Marcel Mauss a décrit ces formes d'échanges voire de destructions de richesse dont le but essentiel est de provoquer, voire d'humilier les rivaux – en est la forme la plus aboutie. Bataille s'y attarde longuement, avant d'arriver aux deux paragraphes que nous présentons, centrés sur la richesse et destinés à prouver la médiocrité et l'hypocrisie de la bourgeoisie.*

Bataille oppose les aristocrates « généreux, orgiaques, démesurés » aux bourgeois qui ne dépensent que pour eux. Mais au-delà de l'aspect grandiose des uns, et de la mesquinerie stérile des autres, c'est l'impossibilité « d'un monde paisible et conforme à ses comptes » qu'il veut démontrer : la perte, et la dépense « insubordonnée aux choses matérielles », sont essentielles à la vie humaine, même pour les plus pauvres.

4. LA DÉPENSE FONCTIONNELLE DES CLASSES RICHES

La notion de *potlatch* proprement dit doit être réservée aux dépenses de type agonistique qui sont faites par défi, qui entraînent des contreparties et plus précisément encore : à des formes qui ne se distinguent pas de l'*échange* pour les sociétés archaïques.

Il est important de savoir que l'échange à son origine a été *immédiatement* subordonné à une *fin* humaine, toutefois il est évident que son développement lié au progrès des modes de production n'a commencé qu'au stade où cette subordination a cessé d'être immédiate. Le principe même de la fonction de production exige que les produits soient soustraits à la perte, tout au moins provisoirement.

Dans l'économie marchande, les processus d'échange ont un sens acquisitif. Les fortunes ne sont plus situées sur un tapis de jeu et sont devenues relativement stables. C'est seulement dans la mesure où la stabilité est assurée et ne peut plus être compromise par des pertes même considérables qu'elles sont soumises au régime de la dépense improductive. Les composantes élémentaires du *potlatch* se retrouvent dans ces conditions nouvelles sous des formes qui ne sont plus aussi directement agonistiques : la dépense est encore destinée à acquérir ou à maintenir le rang, mais en principe, elle n'a plus pour but de le faire perdre à un autre.

Quelles que soient ces atténuations, la perte ostentatoire reste universellement liée à la richesse comme sa fonction dernière.

Plus ou moins étroitement, le rang social est lié à la possession d'une fortune, mais c'est encore à la condition que la fortune soit partiellement sacrifiée à des dépenses sociales improductives telles que les fêtes, les spectacles et les jeux. On remarque que dans les sociétés sauvages, où l'exploitation de l'homme par l'homme est encore faible, les produits de l'activité humaine n'affluent pas seulement vers les hommes riches en raison des services de protection ou de direction sociales qu'ils passent pour rendre, mais aussi en raison des dépenses spectaculaires de la collectivité dont ils doivent faire les frais. Dans les sociétés dites civilisées, l'*obligation* fonctionnelle de la richesse n'a disparu qu'à une époque relativement récente. Le déclin du paganisme a entraîné celui des jeux et des cultes dont les riches Romains devaient obligatoirement faire les frais : c'est pourquoi on a pu dire que le Christianisme avait individualisé la propriété, donnant à son possesseur une disposition entière de ses produits et abrogeant sa fonction sociale. Abrogeant du moins cette fonction en tant qu'obligatoire, car à la dépense païenne prescrite par la coutume, le Christianisme a substitué l'aumône libre, soit sous forme de distribution des riches aux pauvres, soit surtout sous forme de donations extrêmement importantes aux églises et plus tard aux monastères : et ces églises et ces monastères ont précisément assumé, au Moyen Âge, la majeure partie de la fonction spectaculaire.

Aujourd'hui, les formes sociales, grandes et libres, de la dépense improductive ont disparu. Toutefois, il ne faut pas en conclure que le principe même de la dépense a cessé d'être situé au terme de l'activité économique.

Une certaine évolution de la richesse, dont les symptômes ont le sens de la maladie et de l'épuisement, aboutit à une honte de soi-même et en même temps à une hypocrisie mesquine. Tout ce qui était généreux, orgiaque, démesuré a disparu : les thèmes de rivalité qui continuent à conditionner l'activité individuelle se développent dans l'obscurité et ressemblent à des éructations honteuses. Les représentants de la bourgeoisie ont adopté une allure effacée : l'étalage de richesses se fait maintenant derrière les murs, conformément à des conventions chargées d'ennui et déprimantes. De plus, les bourgeois de la classe moyenne, les employés et les petits commerçants, en accédant à une fortune médiocre ou infime, ont achevé d'avilir la dépense ostentatoire, qui a subi une sorte de lotissement et dont il ne reste plus qu'une multitude d'efforts vaniteux liés à des rancœurs fastidieuses.

À peu d'exceptions près cependant, de telles simagrées sont devenues la principale raison de vivre, de travailler et de souffrir de quiconque manque du courage de vouer sa société moisie à une destruction révolutionnaire. Autour des banques modernes comme autour des mâts totémiques des Kwakiutl, le même désir d'offusquer anime les individus et les entraîne dans un système de petites parades qui les aveugle les uns contre les autres comme s'ils étaient devant une lumière trop forte. À quelques pas de la banque, les bijoux, les robes, les voitures attendent aux vitrines le jour où ils serviront à établir la splendeur accrue d'un industriel sinistre et de sa vieille épouse, plus sinistre encore. À un degré inférieur, des pendules dorées, des buffets de salle à manger, des fleurs artificielles rendent des services également inavouables à des couples d'épiciers. La jalousie d'être humain à être humain se libère comme chez les sauvages, avec une brutalité équivalente : seules la générosité, la noblesse ont disparu et, avec elles, la contrepartie spectaculaire que les riches rendaient aux misérables.

En tant que classe possédant la richesse, ayant reçu avec la richesse l'obligation de la dépense fonctionnelle, la bourgeoisie moderne se caractérise par le refus de principe qu'elle oppose à cette obligation. Elle s'est distinguée de l'aristocratie en ce qu'elle n'a consenti à *dépenser* que *pour soi*, à l'intérieur d'elle-même, c'est-à-dire en dissimulant ses dépenses, autant que possible, aux yeux des autres classes. Cette forme particulière est due, à l'origine, au développement de sa richesse à l'ombre d'une classe noble plus puissante qu'elle. À ces conceptions humiliantes de dépense restreinte ont répondu les conceptions rationalistes qu'elle a développées à partir du XVIIe siècle et qui n'ont pas d'autre sens qu'une représentation du monde strictement *économique*, au sens vulgaire, au sens bourgeois du mot. La haine de la dépense est la raison d'être et la justification de la bourgeoisie : elle est en même temps le principe de son effroyable hypocrisie. Les bourgeois ont utilisé les prodigalités de la société féodale comme un grief fondamental et, après s'être emparés du pouvoir, ils se sont crus, du fait de leurs habitudes de dissimulation, en état de pratiquer une domination acceptable aux classes pauvres. Et il est juste de reconnaître que le peuple est incapable de les haïr autant que ses anciens maîtres : dans la mesure où, précisément, il est incapable de les aimer, car il leur est impossible de dissimuler, du moins, un visage sordide, si rapace sans noblesse et si affreusement petit que toute vie humaine, à les voir, semble dégradée.

Contre eux, la conscience populaire est réduite à maintenir profondément le principe de la dépense en représentant l'existence bourgeoise comme la honte de l'homme et comme une sinistre annulation.

5. LA LUTTE DE CLASSES

En s'efforçant à la stérilité quant à la dépense, conformément à une raison qui tient des *comptes*, la société bourgeoise n'a réussi qu'à développer la mesquinerie universelle. La vie humaine ne retrouve l'agitation, à la mesure de besoins irréductibles, que dans l'effort de ceux qui poussent à leur extrémité les conséquences des conceptions rationalistes courantes. Ce qui reste des modes de dépense traditionnels a pris le sens d'une atrophie et le tumulte somptuaire vivant s'est perdu dans le déchaînement inouï de la *lutte de classes.*

Les composantes de la *lutte de classes* sont données dans le processus de la dépense à partir de la période archaïque. Dans le *potlatch*, l'homme riche distribue des produits que lui fournissent d'autres hommes misérables. Il cherche à s'élever au-dessus d'un rival riche comme lui, mais le dernier degré d'élévation envisagé n'a pas de but plus nécessaire que de l'éloigner davantage de la nature des hommes misérables. Ainsi la dépense, bien qu'elle soit une fonction sociale, aboutit immédiatement à un acte agonistique de séparation, d'apparence antisociale. L'homme riche consomme la perte de l'homme pauvre en créant pour lui une catégorie de déchéance et d'abjection qui ouvre la voie à l'esclavage. Or il est évident que, de l'héritage indéfiniment transmis du monde somptuaire ancien, le monde moderne a reçu en partage cette catégorie, actuellement réservée aux prolétaires. Sans doute la société bourgeoise qui prétend se gouverner suivant des principes rationnels, qui tend d'ailleurs par son propre mouvement à réaliser une certaine homogénéité humaine, n'accepte pas sans protester une division qui semble destructive de l'homme lui-même, mais elle est incapable de pousser la résistance plus loin que la négation théorique. Elle donne aux ouvriers des droits égaux à ceux des maîtres et elle annonce cette *égalité* en inscrivant ostensiblement le mot sur les murs : cependant les maîtres, qui agissent comme s'ils étaient l'expression de la société elle-même, sont préoccupés – plus gravement que par tout autre souci – de marquer qu'ils ne participent en rien à l'abjection des hommes employés par eux. *La fin de l'activité ouvrière est de produire pour vivre, mais celle de l'activité patronale est de produire pour vouer les producteurs ouvriers à une affreuse déchéance* : car il n'existe aucune disjonction possible entre la qualification recherchée dans les modes de dépense propres du patron, qui tendent à l'élever bien au-dessus de la bassesse humaine, et la bassesse elle-même dont cette qualification est fonction.

Celui qui oppose à cette conception de la dépense sociale agonistique la représentation des nombreux efforts bourgeois tendant à l'amélioration du sort des ouvriers, n'est qu'une expression de la lâcheté des classes supérieures modernes, qui n'ont plus la force de reconnaître leurs destructions. Les dépenses engagées par les capitalistes pour secourir les prolétaires et leur donner l'occasion de s'élever sur l'échelle humaine ne témoignent que d'une impuissance – par épuisement – à pousser jusqu'au bout un processus somptuaire.

Une fois réalisée la perte de l'homme pauvre, le plaisir de l'homme riche se trouve peu à peu vidé de son contenu et neutralisé : il fait place à une sorte d'indifférence apathique. Dans ces conditions, afin de maintenir, en dépit des éléments (sadisme, pitié) qui tendent à le troubler, un état neutre que l'apathie même rend relativement agréable, il peut être utile de compenser une partie de la dépense qui engendre l'abjection par une dépense nouvelle tendant à atténuer les résultats de la première. Le sens politique des patrons joint à certains développements partiels de prospérité a permis de donner parfois une ampleur notable à ce processus de compensation. C'est ainsi que dans les pays anglo-saxons, en particulier aux États-Unis d'Amérique, le processus primaire ne se produit plus qu'aux dépens d'une partie relativement faible de la population et que, dans une certaine mesure, la classe ouvrière elle-même a été amenée à y participer (surtout lorsque la chose était facilitée par l'existence préalable d'une classe tenue pour abjecte d'un commun accord, comme celle des nègres). Mais ces échappatoires, dont l'importance est d'ailleurs strictement limitée, ne modifient en rien la division fondamentale des classes d'hommes en nobles et ignobles. Le jeu cruel de la vie sociale ne varie pas à travers les divers pays civilisés où la splendeur insultante des riches perd et dégrade la nature humaine de la classe inférieure.

Il faut ajouter que l'atténuation de la brutalité des maîtres – qui ne porte d'ailleurs pas tant sur la destruction elle-même que sur les tendances psychologiques à la destruction – correspond à l'atrophie générale des anciens processus somptuaires qui caractérise l'époque moderne.

La lutte de classes devient au contraire la forme la plus grandiose de la dépense sociale lorsqu'elle est reprise et développée, cette fois au compte des ouvriers, avec une ampleur qui menace l'existence même des maîtres.

« Articles », recueillis dans *Œuvres Complètes* Tome 1, Gallimard.

Emmanuel Mounier (1905-1950),
L'argent contre la personne humaine

Préoccupé aussi bien par la montée des fascismes en Europe que par le durcissement de la lutte des classes en France, Emmanuel Mounier fonde avec quelques amis la revue Esprit *en 1932, avec l'intention d'opposer au monde dont ils sont témoins une nouvelle civilisation fondée sur la personne humaine et le primat du spirituel. Or, l'argent semble se dresser comme un des principaux obstacles à ce projet. C'est pourquoi, dès 1933, un numéro d'*Esprit *est tout entier consacré à cette question.*

En quoi l'argent entrave-t-il l'épanouissement de l'humain que le personnalisme naissant appelle de ses vœux ? C'est à cette interrogation que l'article ici reproduit entend répondre. Mounier y montre les ravages de l'argent sur la vie intime. De même que l'argent dénature la vie sociale en n'y laissant de place que pour l'expression des intérêts économiques, il réduit la vie privée à des motivations égoïstes. Sa puissance est telle qu'elle est en mesure de fabriquer de nouveaux types humains. Mounier en retient trois : le riche, le petit-bourgeois, le miséreux. Chacun de ces types représente une humanité abîmée par l'argent : qu'il affadisse les désirs des riches devant lesquels il a retiré tous les obstacles, qu'il nourrisse l'envie de ceux qui n'ont pour projet que de rejoindre la classe des possédants, qu'il asservisse ceux qui sont plongés dans la misère, l'argent détourne chacun de sa vocation humaine et spirituelle.

L'œil voit les horizons et le ciel. Mais la main ne touche que les objets proches où flue et reflue, comme un lac immobile, la vie quotidienne avec la chaude présence des corps. La vie intérieure se nourrit de Dieu et de l'histoire des hommes lointains. Mais elle s'avance dans une aube de sentiments à court rayon, qui n'ont pas perdu, quand ils reviennent sur nous, la couleur même de son regard, qui en diffusent et en protègent la lumière avec la matière des amours les plus proches : telle est la vie privée, comme une première atmosphère autour de la vie intérieure.

La vie privée n'est pas une nature pure, mais une sorte de compromis, de réalité d'attente, d'optimum et de raté.

Il n'y a pas de valeur au-dessus de la Personne, pas d'occupation essentielle hors de sa vie intérieure. Sa vie intérieure, c'est son effort pour rejoindre, à travers les apparences et les actions de son moi superficiel et conscient, sa vocation profonde, le chiffre incommensurable qui est sur sa tête et doit mesurer la totalité de sa vie : entendons bien que cet effort n'est pas seulement un travail d'analyse, mais un engagement créateur, préparé, purifié par un repli des volontés sur les voix intérieures.

Cette vie personnelle n'est pas une vie isolée. En son cœur, la Personne trouve l'amour, et ne se trouve elle-même qu'en s'y perdant. Instinct social, solidarité ? Mais non. Il s'agit de bien autre chose. Il s'agit de ce miracle, la communion de deux Personnes. C'est là seulement, dans la découverte d'un Toi par un Je, et dans la formation d'un Nous personnel, dépassant ces termes, que nous élucidons le vrai lien social humain ; là, parce que rien n'y vient brutaliser l'union : ni le nombre, ni le contrat, ni les intérêts. Deux êtres qui s'aiment par ces profondeurs arrivent à former, avec leurs deux personnes, une vraie Personne nouvelle. Et quand il y en a plusieurs, quand il y en a cent mille, ce n'est une vraie communauté que si c'est autant de fois deux : autant de fois nous deux. Une communauté est une Personne nouvelle qui unit des personnes par le cœur d'elles-mêmes. Elle n'est pas une multitude. Une pure communauté, on ne saurait la nombrer. Il n'y aurait de regard compétent sur elle que celui qui saisirait chacun dans son originalité irréductible et l'ensemble comme une orchestration. Une société n'est durable que si elle tend à ce modèle. On n'unit les hommes ni par leurs intérêts (partis, ligues et syndicats de revendications), ni par leurs impulsions, chaleurs, rancunes et préjugés (partis encore, classes et lutte des classes), ni par leurs servitudes (mystiques du travail, même affranchi, car on affranchit le travail de tout, sauf de lui-même). On ne les unit que par leurs vies intérieures, qui vont d'elles-mêmes à la communauté.

Seulement, de même que l'homme a un corps qui alourdit sa vie intérieure (tout ce qu'il n'a pas transfiguré par sa vocation personnelle) les communautés humaines ont des corps tout aussi contraignants : tout ce qu'elles n'ont pas noué du lien de l'amour personnel. Alors elles font bloc comme elles peuvent. Nous avons parlé des agrégats mécaniques de similitudes externes qui font les masses de publics, de partisans, de nationalistes, d'humanitaires, – lourds bercements instinctifs dans la sécurité du nombre et l'uniformité d'une rêvasserie à peine vivante. Nous avons parlé des sociétés vitales où le lien est plus organique, plus conscient, plus nerveux : familles-forteresses, syndicats, nations ; mais l'union n'y est pas un choix du cœur, elle est toujours bandée sur des humeurs agressives et jalouses. Nous avons parlé enfin des sociétés par contrats signés ou implicites, expressions comme on sait, de la raison des hommes ; exemples : les sociétés anonymes, les mariages d'argent, les rapports du capital et du travail, la solidarité des banques, etc.

La vie privée ne se maintient que par la vie intérieure. Mais elle est déjà une vie sociale, l'envers que toute vie sociale présente à la solitude de chacun. À la rencontre de la vie intérieure et de la vie collective, elle est un peu comme ce nœud confus où se croisent, entre la tige et la racine, tous les vaisseaux nutritifs de la plante.

Elle tient son âme des deux pôles solidaires de l'esprit : la vie personnelle et les communions d'amour. Plus elle sera proche de son âme, plus elle aura de vigueur et de rayonnement. Mais elle chevauche aussi les corps, qui lui donnent sa chaleur. Elle les chevauche même par définition, car des Personnes purement spirituelles ne limiteraient pas à un foyer la portée de leur amour ; elles rejoindraient d'un mouvement naturel la communauté entière ; elles ne sentiraient pas le besoin de « vie privée » ; ou plutôt l'ensemble des Personnes leur serait une vie privée ; avec chacune l'échange serait aussi total (même incomplètement lucide) qu'il l'est dans les amours humaines les plus rares. Il n'a plus ni père ni mère, celui qui va trop près de Dieu.

De la chair des individus et des sociétés la vie privée reçoit par contre ses impuretés ; les premiers l'enserrent de leurs avarices, de leurs partialités, de leurs jalousies, ils la fortifient et s'y enferment ; les secondes y poussent les eaux sales de leurs régimes, et la cloisonnent en champs clos grossièrement soutenus par l'intérêt ou par l'indifférence. Plus fermés ils sont, plus ils l'étouffent, et à travers elle, en elle, la vie intérieure.

C'est ici qu'intervient l'argent. Il expulse l'homme de lui-même et y installe l'égoïsme. Il expulse la Communauté des rapports humains et y campe sa machine impersonnelle qui happe les gouvernements, les patries, les familles,

les Amours, étouffe les voix et les révoltes. Entre les deux mâchoires de cet étau, que la vie privée trouve sa place ! Mais le mal va plus profond ; en même temps qu'il lui dérobe ses conditions d'existence, l'argent pénètre au cœur même de la vie privée et y installe, fabriqués de sa propre matière, de nouveaux types humains.

Ils sont nombreux. L'argent les informe tous, mais certains de biais, et nous-mêmes qui nous réunissons aujourd'hui pour lui cracher notre haine, ici et là il nous a pris à rebours. Cependant il a ses masques en série. Trois sont son œuvre propre : le riche, le petit-bourgeois, le miséreux.

Les riches, selon les valeurs privées, ne sont pas ce petit nombre d'hommes à qui l'on sait beaucoup d'argent. La limite psychologique entre la richesse et la pauvreté commence avec ce qu'on appelle si bien l'aisance, c'est-à-dire au moment où la facilité est la règle habituelle dans l'usage de l'argent. Où il n'y a plus à regarder, à s'interroger, à compter, avant chaque geste de dépense. Où l'on sait que les désirs peuvent enfler, les fantaisies jouer, qu'il n'y a pas, en l'état des choses, à faire des rapports, à s'inquiéter de la marge. On voit où commence l'inhumanité. Un homme est fait pour entrer en confrontation directe avec des forces ou des personnes. Existence, résistance ; effort, conquête ; et pour finir un agrandissement né de l'expérience, succès ou échec, peu importe. Les facilités de l'argent s'introduisent entre l'homme et l'expérience : cet ouvrier, cette femme, ce diplomate, ce député, tous ces génies d'intelligence et de ruse, tous ces complexes de forces inconnues, étrangères et rebelles, à quoi bon les aborder de front ? Un chèque et tu les as, et tout le problème de la vie est tranché. – Les âmes résistent et veulent leur part ? Grossis le chèque : la moitié se résigne et te bénit. – Il reste que tu butes, si tu t'en soucies, aux valeurs de l'esprit ? – Des chèques, et tu imposeras tes modes aux artistes, tu te feras une cour de littérateurs à ta taille, de dramaturges à l'unisson ; quant aux sciences, tu t'en sortiras en en tirant profit.

Le riche, ou l'homme à qui rien ne résiste. Il a un moyen pour supprimer le monde. Il ne voit pas l'appauvrissement qui le gagne, que le moindre d'entre nous expérimente à son insu, le jour où il est « à l'aise ». Plus de contact avec la difficulté (dans sa vie privée, j'entends, dans son entreprise c'est autre chose, et beaucoup ont une mentalité de riches dans leur vie privée qui ne l'ont plus dans leur usine). Plus de contact avec les hommes. Toujours entre lui et les êtres l'argent qui nivelle les résistances, fausse les paroles et les conduites. Un événement de temps en temps, mais l'événement s'achète aussi : on achète la santé, c'est-à-dire la maladie et la mort, on achète les apparences de l'amitié et de l'amour, et avec cela, toute rumination intérieure étouffée, on se fait dans le genre douceâtre ou voluptueux ou artiste une vie pas trop catastrophique, sauf inconvenances du sort.

Aussi le riche désapprend progressivement l'Autre. Le pis est qu'il croit posséder le monde parce qu'il le supprime. Cette puissance médiocre, par matière interposée, à la place de la vraie possession qui est celle du don, on sait de quelle fatuité avantageuse, de quel sourire fleuri, de quelle assurance mécanique elle va composer sa silhouette et le style même de sa vie. Richesse : nom usurpé. « Richesse » qui masque non seulement les riches mais le monde devant eux. Richesse qui nivelle, richesse opaque, psychologies simplifiées, pauvres psychologies lâches, lâches dans le dessein et lâches devant la vie. La pauvreté seule, en vérité, parce qu'elle dénude les âmes devant l'expérience et les affronte dans leur vérité, connaît les somptuosités du monde.

L'esprit de classe s'introduit par cette porte. On se trouve bien où on est. Qu'on reste donc entre gens qui se trouvent bien, qui peuvent échanger sans disgrâce le sourire de leur bonheur. La misère, rien de commun, on l'ignore. C'est des quartiers où ne vont pas les principaux tramways, et tristes à traverser quand on part à la campagne. C'est distrayant dans de curieux romans qu'on appelle populistes. C'est utile aussi pour avoir des filles sans créer de scandale dans le monde des futures fiancées. Enfin pour compléter un peu les machines, faute de mieux. Le petit-bourgeois, on le méprise, mais il vit plus proche des tramways principaux. Obligé d'avoir contact : c'est le Fournisseur. Mais cette cravate toute faite, ce mobilier ! Décidément on n'est bien qu'entre soi. Fermons vite les barrières du bonheur, de ce jardin à nous, riches, qui est dans toutes les rues et que nous seuls voyons, et qui transforme les campagnes en affiches de chemins de fer faits pour la joie. Séparons-nous. Glorifions le travail qui fait la richesse, et l'intelligence qui fait les techniciens : mais à nous les postes de commande, les postes aux mains blanches. Pour ne jamais rencontrer, – tout le problème, ne rien rencontrer – cette misère sale, grossière, immorale, insolente et médiocre, ayons nos quartiers, nos hôtels, nos wagons, nos places réservées, nos écoles, nos cultures, nos dancings, nos paroisses, nos messes. Entortillons cela d'usages en labyrinthes pour que les plus malins restent à l'écart (ayons pour eux notre sourire). Il y a les situations et les métiers, les honoraires et les salaires ; il ne faut pas confondre ou que deviendront l'ordre et l'autorité ?

Les autorités, Dollar merci (comme disent les Robots de Huxley), veillent sur l'autorité. Écoutez. Ce sont des riches qui dansent pour l'œuvre de la Maison des Gardiens de la Paix. « Leur présence, lisons-nous dans le Journal (21 juin 1933) avait un sens plus profond que celui toujours frivole, qui s'attache à un plaisir, si délicat soit-il : un sens émouvant, généreux. C'était un acte de solidarité sociale : l'hommage positif, tangible, productif, de ceux qui possèdent à ceux qui veillent sur eux.

« Le substantiel et magnifique résultat de cette fête ferait douter de la crise. »

Voilà ce que l'on peut voir en cette saison de 1933 où, si l'on en croit les esprits chagrins, les choses vont si mal ! C'est envoyé. Cela s'appelle : « Le cœur bienfaisant de Paris. » Il y a trente millions d'esprits chagrins à travers le monde, qui, pendant que l'on danse pour eux, font la queue pour la soupe ; mais il n'y a qu'une plume assez délicate pour signer cette méditation. On a bien lu : Madame Marcelle Jean-Chiappe[32].

Derrière cette barrière de police et de politesse qui le sépare du monde vivant, le riche ne connaît plus qu'un seul type de rapports humains : la considération. Peu lui importent les âmes, pourvu que les vêtements et les bouches satisfassent au code de la considération. Tous les sentiments déchus sont attachés à ce char. – Pour l'amour, deux parts : celui que l'on achète, et celui que l'on achète encore ; celui que l'on achète pour le plaisir ou l'oubli ; celui que l'on achète pour la considération, pour la raison sociale : mariage, virement de compte. Honneur conjugal. – Pour l'amitié : conseils d'administration, trusts, cartels, et pour l'intimité les compagnons des débauches occultes. – Pour la famille : le mari, la femme et l'amant, mettre au pluriel, agiter, et au besoin inverser. Honneur familial. – Pour la patrie : Schneider au *Temps*, Louis-Louis Dreyfus à *l'Intran* ; pas de sentimentalisme inutile, les intérêts sacrés sont gardés. Honneur national.

Voilà pour le type bluffeur, pour le type cynique, et pour le type gigolo.

Il y a encore le Brave homme. La facilité le ronge, lui, tout doucement par-dedans. Il ne s'embarrasse même pas des troubles de la lutte ou de la noce ; il s'épanouit dans un bienheureux confort. Il est la Morale du Bonheur : voyez cette argumentation dans la souplesse de sa marche, dans l'assurance

32. Jean Chiappe (1878-1940), proche de l'extrême-droite, fut préfet de police de Paris entre 1927 et 1934. Sa femme Marcelle a fondé en 1929 la maison de santé des gardiens de la paix.

calme de son geste. Il est la Santé, le Bon sens, la Sécurité, l'Équilibre, un peu l'Honneur – un rien, pour faire briller, mais ah non ! pas de drames ! – Il est la Douceur de vivre. Il est la Rondeur même.

Il est sans larmes, sans pitié, sans pensées, sans amour. Il est le Pauvre Type sympathique. Le professeur de Morale de tous nos enfants.

Il y a aussi le riche janséniste, dans les provinces. Une vertu inébranlable, au moins jusqu'à l'office ou à la ville voisine. Un orgueil d'une pierre non moins dure. Rideaux tirés sur les familles, rideaux tirés sur les cœurs. Au centre, le notaire et ses quatre opérations, qui marquent les quatre événements de la vie : dot, vers les vingt ans, héritage vingt ans plus tard, testament au dernier bout et ventes dans l'entre-deux. Mais cette revue est trop rapide pour que nous nous attardions sur les espèces en régression.

Le petit-bourgeois ne possède pas les signes extérieurs et les facilités du riche, mais toute sa vie est tendue vers leur acquisition. Ses valeurs sont celles du riche, rabougries, scoliosées par l'envie. N'est pas riche seulement qui a beaucoup d'argent. Est riche le petit employé qui rougit de son veston râpé, de sa rue, et qui conquerrait la Toison plutôt que de traverser la place un panier à la main. Est riche la dactylo qui accepte le monde à cause des faveurs du patron, la vendeuse qui prend le parti de ses objets de luxe, le prolétaire que dévore l'idéal refoulé de l'employé de banque, le jeune antimilitariste qui rêve en secret d'être sous-lieutenant de réserve.

Toute la vie privée du riche est dominée par une seule valeur : la considération. Toute la vie privée du petit-bourgeois est dominée par une seule valeur : l'avancement, et c'est encore la même chose. Si ce n'est lui, il faut que son enfant « s'élève », qu'il "ait la vie plus facile que nous l'avons eue„ (que d'amour souvent, parents, dans ces formules, mais il ne s'agit pas de vous, il s'agit du petit-bourgeois, ou des paroles que vous lui empruntez, pour mal traduire votre amour). Arriver. Et pour arriver, un seul moyen : l'économie. Non pas l'économie des vrais pauvres. Arriver, pour le pauvre, ça n'a pas de sens, mais le régime est avare et demain il y aura les enfants, la maladie. L'économie du pauvre, c'est ces quelques sous chèrement grattés qu'il faudra perdre un jour de malheur. Non : l'économie du petit-bourgeois, c'est l'économie pour la richesse, celle qui aboutit au col blanc, puis à la villa, puis à l'auto, puis à la mer, puis à l'attention des vrais riches, puis à l'assimilation. Toutes ces vies collées à une tyrannie intérieure, avec la religion du travail pour les soutenir,

– le travail qui fait les riches. Alors, du matin au soir, âpreté, âpreté, calcul, précautions, avarices. Plus une générosité, c'est entendu : « ils » n'ont qu'à se débrouiller tout seuls, « ils » n'ont qu'à travailler comme nous. Plus une fantaisie non plus : ce geste qui naît un matin avec la joie du cœur, que les pauvres connaissent bien, et qui n'a pour lui, avec sa folie, que sa beauté qui est toujours bonté. Y a-t-il un enfant qui naisse dans ce milieu avec des yeux clairs et des impulsions ? On lui apprendra assez tôt qu'à chaque tournant du jour où la beauté pourrait apparaître, sans peine, par un léger arrangement des choses, – c'est la laideur qui doit s'installer sur son rêve et sauvegarder la rationalisation du jour.

Autrefois, il y avait un peuple. Il sentait le passage des heures, l'odeur de la terre et des paysages, le frôlement multiple des âmes. Il n'avait pas le sou. Eh bien, il regardait les hommes, son métier, les événements qui venaient – pas les faits-divers, non, les événements, les siens et ceux des autres. Il ne savait pas toutes les nouvelles du monde, il ne quittait pas – ni ses jambes, ni sa tête – les abords de sa ville (ou de son village), il était aussi un monde de petits : petit par la fortune, petit par le coin de terre et de science qui le portait. Mais il communiait à une âme : l'âme du peuple, et par-delà, le plus souvent, l'âme de sa religion. Quelque chose le rattachait plus fort au pape de Rome qu'aujourd'hui ses descendants à l'homme du jour dont ils savent chaque parole, par les journaux. Ses journées en étaient écartelées, en recevaient une lumière, elles avaient place pour y asseoir des cathédrales.

Le petit-bourgeois ne communie plus à rien. Pas même à de grandes entreprises, comme le riche. Pas même à de vastes douleurs, comme le miséreux. Un carré de trottoir, sa boutique, la caisse dans la boutique, le rêve dans la caisse. Le journal ? Mais le journal, ce n'est pas le monde, c'est un fauteuil, une digestion, des potins. Ajoutez, au foyer, l'indifférence maussade, l'aigreur qui naît de l'envie frottant sur la médiocrité, le vide lamentable des heures sans travail, devant un monde sans couleurs, sans amours, sans dialogue.

Ce mois il y a du 10 % d'augmentation.

Le miséreux, c'est bien celui qui est très pauvre, qui est pauvre au-dessous de la sécurité, au-dessous du pain quotidien. Il entre encore pourtant dans les hiérarchies de l'Argent bien qu'il semble échapper à l'argent. Non seulement parce que le règne de l'Argent l'a constitué comme classe, comme sous-produit, mais parce qu'il est si misérable, si habitué à être misérable, qu'il accepte la fatalité de son sort. Il tourne sa casquette devant le riche, il lui fait des bassesses pour un morceau de pain, il s'enrôle dans ses légions pour une chemise – noire, brune, il ne regarde pas la couleur. Il s'écrase dans cette résignation qui n'est pas la résignation chrétienne, transfiguration de ce qui est dans la lutte pour ce qui doit être, – mais un consentement las à l'injustice.

Nous n'évoquerons pas ce que l'on sait trop : la famille disloquée par l'usine, le chômage, les privations, la brutalité des mœurs qui plonge dans la brutalité de la vie, tous sentiments écrasés parce qu'il faut bien vendre les heures des sentiments, et les sentiments eux-mêmes, et les intimités elles-mêmes, pour avoir du pain. Tout le monde sait théoriquement tout cela. On a lu les romans. Il manque de le toucher. Nous ferons plus, pensons-nous, auprès de ceux qui se ferment encore, par l'évocation d'une présence que par des considérations sociales. La lettre qui suit a été apportée à l'un de nous par un garçon d'une troupe scoute. Elle le touchait de près. Il demandait conseil. Tous les noms sont changés : ainsi, elle n'appartient à personne ; elle est le document anonyme d'une époque.

« Lucien,

« Je t'envoie un petit mot je part avec mon homme pour 4 jour je vais à X... je vais t'expliquer quelque choses Mon homme de paris est venu me voire et comme tu dois le pençée je suis retournée avec lui donc voilà maintenant jais été forcées de luis dire que javais été mariée avec toi heureusement il a passé la main jaime mieux te dire que j'aie dérouiller en beautées enfin tout cela ne te regarde pas mais je vais te demandée voudrais tu être assez aimable de me renvoyée mes trois photos le plus vite possible car mon homme mas dit que si il n'étais pas à la maison quand on va revenir de vacances qu'il irais à Y..., te trouvée alors Lucien dans ton interais renvois les moi car lui sais un homme et non un enc... comme Ion voie dans la marine, sois dit pour perssonne le prend qui veux et maintenant un petit consseille dis à ta gonzesse ta peaux d'enc... de lucette que si elle ne ferme pas sa grandes gueule je vais lui faire fermée je ne me sallirais pas avec elle mais entre saloppe il nia pas de doublures je ferai autre choses car heureusement pour moi jais encore des amies à Y... dans lattente de recevoire mes photo Je fini en te souhaitant une prompte guérison.

Zette

« Je par à 5 et demi tu vois pour mon anniverssaires jais reçus une belle montre bracelets.

« et hein lucien sais compris pour ta gonzesse et toi renvoie moi mes photot de suite toujours à Z. car mon homme veux que je reste las juscau moi d'octobre tu vois je fini car mon homme vien darivée et il comensse à se maître en pétard Car il trouve que je tan écrix un peux traux – long. donc je te quitte et les photo de suite pour quel soye la quand je vais revenir car si il ne sont pas la il vien de me dire que je vai derouiller moi la premiere et toi ensuite alors pour toi je men fous mais comme avec mon homme je ne voudrais quil lui arive malheur pour toi car tu ne vaux pas la peine si tu na pas 50 centime pour les timbre envoie affranchire a domicile car jais encore 1 franc de cotée pour payer un timbre. »

Maintenant, il y a le bon riche, il y a la bourgeoisie foyer de dévouement, il y a le pauvre. Je ne les ai pas oubliés. Le bon riche, il lit ces lignes, et répudie sa classe : qu'il ait le courage d'aller jusqu'au bout. L'humble bourgeoisie où se conserve une vieille flamme de dévouement et d'héroïsme, oui : elle n'entre pas, ou si peu, dans le règne de l'Argent mais attention à la douceur de vivre, à cet insensible évanouissement de la sainteté, de la vigueur, de l'aventure, dans la tiédeur des foyers. Qui dira le charme irritant, la tendresse et l'inhumanité criante du home victorien ? Le pauvre : il faudrait faire, si nous en étions digne, un éloge de la Pauvreté. Du pauvre qui n'a rien, quoiqu'il possède et ne désire que les splendeurs non comptables de la vie.

Mais tous ceux-là, qui semblent y échapper, ne sont pas totalement en dehors du Règne de l'Argent. Il y a un moyen de les reprendre. En le déshabillant, comme nous essayons de le faire dans ce numéro, peut-être allons-nous bouleverser quelques-uns de ces hommes honnêtes. Pourquoi ne l'étaient-ils pas plus tôt ? Ils ne pourront plus demain, penser, agir, voir le monde et leur propre vie dans la calme conscience où ils vivaient jusqu'ici. C'est donc que sur les amours, les amitiés, les familles, les matins et les soirs, quelque chose était accroupi, qui engourdissait, aveuglait toute leur vie privée, quelque chose dont ils viennent de se sentir tout à coup libérés, et leur amour en est tout rajeuni : le Mensonge.

Entendons-nous bien. Tout le monde est sincère. Vêtu de sa tranquillité, le riche croit défendre l'ordre et la civilisation. S'il est « charitable » et « vertueux », comme toute notre bonne vieille bourgeoisie, il ne comprend plus nos anathèmes. L'homme de la rue croit à l'économie et à la vertu des avancements difficiles. Il croit que l'argent est bon, puisqu'il récompense les travailleurs et se refuse aux paresseux. Il n'aime pas qu'on le dérange. Qui peut, sinon des turbulents ou des intéressés, dénoncer tant de mal dans un monde respectable où il y a les pouvoirs qui sont faits pour gouverner, la justice pour juger, la presse pour renseigner, la police pour protéger et les nations pour rayonner ? L'axe invisible de son pays peut être la politique des charbons cokables, et par la cascade d'influences qu'on verra plus loin, toutes ses actions être prises à son insu dans des comportements à double sens qui font de lui, comme de tout Français, un actionnaire inconscient de M. Schneider ; demain peut-être sa vie lui sera demandée pour le Temple par les marchands du Temple : il continue de marcher en aveugle, le Mensonge est sur lui, et toutes les forces de la parole publique veillent à la perpétuation du Mensonge. Il y a cent hommes qui mentent sciemment, en tête, et payent les fabricants de Mensonge, faux docteurs et chiens de garde, qui bientôt sont pris au jeu et aboient par habitude, comme de vieux chiens las. Cent hommes conscients : les pécheurs contre le Saint-Esprit. Et partout ailleurs l'eau tiède, endormeuse du Mensonge parmi les hommes sincères. Que l'on comprenne. Ils ne mentent pas, ils sont mentis. L'eau les traverse et sort par leur bouche. Ils sont mensonge. Et ils seraient scandalisés de l'être. Et ils se scandalisent précisément de nos paroles. Mais ils n'y peuvent rien. Ils sont entourés, baignés ; la vérité sociale, l'agrément des relations sont faits de ce mensonge. Vous longez la rue, innocemment : il est sur chacune de ces robes, sur chacun de ces masques, dans la forme de cette maison ; il se monnaye à chaque comptoir de chacune de ces boutiques. Il faudrait briser toutes vos chaînes, tous vos sourires, l'allure même de votre pas. Vous avez une image parmi ces hommes. Vous êtes honnête, soit, vertueux, soit, charitable, soit : mais ils attendent de vous, avant ces accidents, de bonnes manières, une indulgence souriante, le respect des rangs établis, un certain bon goût dans vos jugements sur l'époque, bref, toutes les qualités d'un honnête homme. Il faut vous exiler de votre image, il faut vous exiler de vos intérêts, de vos relations, de vos tranquillités, de vos amis, de vous-même, si vous ne voulez plus servir le Mensonge. Il faut refuser le quitus à un monde si bien établi qu'il parait un monde normal. Et cela veut dire qu'il faut vous refuser à chacun des hommes normaux que vous rencontrerez ce matin, à chacune des propositions normales qu'ils vous feront, à chacun des sourires normaux dont ils recevront vos premières protestations. Avez-vous mesuré toute l'ampleur de votre nouveau service ? Osez-vous commencer demain, honnêtes gens ? Et vous, révolutionnaires, oserez-vous la révolte contre les mythes ?

« Argent et vie privée », *Esprit* n° 33, 1933, pp. 55-67.

Jean Giraudoux (1882-1944),
Le procès de l'argent

La pièce La Folle de Chaillot, *bien qu'écrite en 1942-1943, permet de comprendre les sentiments qu'ont pu susciter les dévoilements successifs des scandales financiers de l'entre-deux-guerres. Elle fut montée pour la première fois par Louis Jouvet en 1945, un an après la mort de son auteur, Jean Giraudoux. Normalien, diplomate et homme politique, Giraudoux était considéré comme l'un des plus grands dramaturges de son temps. En 1939, il est nommé commissaire à l'Information, mais démissionne après la défaite et s'installe près de Vichy dans sa famille. Il meurt en janvier 1944 à Paris.*

La pièce compte une quarantaine de personnages. Un groupe de financiers, profiteurs, escrocs veut détruire Chaillot pour extraire le pétrole qu'il croit savoir se trouver dans ses sous-sols. Aurélie, la « folle de Chaillot », entraîne ses amis dans un plan : elle affirme avoir découvert un gisement de pétrole sous sa maison et attire en masse ces « bandits » pour, à la fin de la pièce, les conduire dans ce qui ressemble à l'enfer.

Les initiés (le chiffonnier, Pierre, Irma) qui pour une raison ou une autre se sont approchés des financiers, informent leurs compagnons de l'« invasion » de ces gens qui « n'ont aucun métier » et sont devenus les « mecs », c'est-à-dire les souteneurs, de tous ceux qui travaillent. Dans l'extrait que nous reproduisons, Aurélie organise le procès du président, pour faire admettre à tous la sentence mortelle qu'elle s'apprête à exécuter. Le chiffonnier est chargé de jouer le rôle de l'accusé. Dans ce morceau de bravoure, Giraudoux fait un portrait au vitriol de l'argent, qui pervertit, salit, opprime.

AURÉLIE – Adorez-vous l'argent ? Oui, ou non !

LE CHIFFONNIER – L'argent, Comtesse ? Mais c'est lui, hélas ! qui m'adore. C'est lui qui est venu me chercher au sein d'une honorable famille du Pré-Saint-Gervais en me faisant trouver dans une poubelle un lingot d'or de dix kilos. Je ne l'y cherchais pas, je vous assure. De vieilles semelles auraient mieux fait mon affaire. C'est lui, quand j'ai acheté avec ce lingot la ceinture de Kremlin-Bicêtre, qui a fait monter mes terrains de cinq francs à quatre mille. C'est lui, quand je les ai revendus, qui m'a fait acheter les sucreries du Nord, le Bon-Marché et le Creusot. L'argent, c'est le vol, la combine, je les déteste, je ne mange pas ce pain-là, mais c'est lui qui m'aime. Il faut croire que j'ai les qualités qui l'attirent. Il n'aime pas la distinction, je suis vulgaire. Il n'aime pas l'intelligence, je suis idiot. Il n'aime pas les passionnés, je suis égoïste. Aussi il ne m'a plus lâché jusqu'à mes quarante milliards. Il ne me lâchera plus jamais. Je suis le riche idéal. Je n'en suis pas plus fier, mais j'en suis là.

AURÉLIE – Parfait, chiffonnier. Vous avez compris...

LE CHIFFONNIER – Les pauvres sont responsables de leur pauvreté. Qu'ils en subissent les conséquences. Mais pas les riches de leur richesse !

AURÉLIE – Vous y êtes, continuez... Un peu plus, et vous êtes parfaitement ignoble... Et si vous avez honte de cet argent, président, pourquoi le gardez-vous ?

LE CHIFFONNIER – Moi ! Je le garde ?

LE JONGLEUR – Et comment ! Tu n'es pas fichu de donner deux sous au sourd-muet !

LE CHIFFONNIER – Moi, je le garde ! Quelle erreur ! Et quelle injustice ! Quelle honte de m'entendre ainsi accuser devant cet auditoire d'élégance et d'élite ! Mais, Comtesse, au contraire ! Je passe ma journée à essayer de m'en débarrasser ! J'ai une paire de souliers jaunes, j'en achète une noire ! J'ai un vélo, j'achète une auto. J'ai une femme...

JOSÉPHINE – Au fait !

LE CHIFFONNIER – Je me lève avant le petit jour pour aller déposer des dons en espèces au fond de chaque poubelle. J'ai des témoins. On n'a qu'à me suivre. Je fais venir des fleurs de Java, où on les cueille à dos d'éléphant. Et qu'on ne les abîme pas, ou je mets à pied les cornacs. C'est de ne pas avoir d'argent qui est difficile, pour nous autres riches ! Il ne nous lâche plus. Je joue un outsider, il gagne de vingt longueurs. Je prends un billet, je le choisis avec les mauvais chiffres, c'est lui qui sort. Et il en est pour mes pierres précieuses comme pour mon or. Chaque fois que je jette un diamant dans la Seine, je le retrouve dans le gardon que me servent mes maîtres d'hôtel. Dix diamants, dix gardons. Ce n'est pas en donnant deux sous au sourd-muet que je me débarrasserai de mes quarante milliards ! Alors, où est mon crime ?

CONSTANCE – En cela, il n'a pas tort.

LE CHIFFONNIER – N'est-ce pas, ma petite dame. En voilà une au moins qui comprend ! Je vous enverrai une gerbe dès que je serai acquitté. Quelles fleurs préférez-vous ?

CONSTANCE – Les roses.

LE CHIFFONNIER – Je vous en enverrai une botte tous les jours pendant cinq ans. Mes moyens me le permettent.

CONSTANCE – Et les amaryllis.

LE CHIFFONNIER – C'est comme moi... J'alternerai. Je note le nom.

LE MARCHAND DE LACETS – Il ment effrontément avec ses fleurs. Il les déteste.

JOSÉPHINE – N'interrompez pas le débat. Il les déteste comme chiffonnier. Il les aime comme exploiteur.

LE MARCHAND DE LACETS – Non. Mais c'est pour vous dire le type.

LE CHIFFONNIER – Oui, elle a raison, la petite dame. Je lui donnerais vingt sous, au sourd-muet, vingt francs, vingt millions..., vous voyez, j'y vais carrément, que je ne me débarrasserais pas de quarante fois mille millions, n'est-ce pas, Madame ? Les pauvres d'ailleurs le comprennent très bien. Ce matin j'ai repris cent francs au chiffonnier qui les avait trouvés sous ma table. Il s'est laissé faire. C'est qu'il a compris.

LE MARCHAND DE LACETS – C'est qu'il est un rude crétin.

LE CHIFFONNIER – Pas de mal des chiffonniers, je vous prie. Je ne suis pas là pour les défendre. Mais si l'on savait quels trésors d'invention généreuse, d'intelligence loyale, de courage incompris...

LE JONGLEUR – De propreté annuelle. Il sent d'ici, Madame.

JOSÉPHINE – Silence. Au fait. Président.

LE CHIFFONNIER – J'y arrive. Si je joue à la Bourse...

AURÉLIE – En effet. Parlons de la Bourse. Pourquoi avez-vous vendu les actions du Bas-Amazone à mille pour les descendre à trente-trois en huit jours ?

LE CHIFFONNIER – Toujours pour la même raison. Pour vous faire plaisir, Comtesse. C'est mon objet dans la vie. Plaire aux dames. Pour débarrasser de l'argent ceux qui en ont.

AURÉLIE – Sur ce point vous avez réussi. Mais je suis sûre que vous les avez toutes rachetées à trente-trois et qu'elles sont remontées à mille.

LE CHIFFONNIER – À vingt mille. C'est avec ça que j'ai acheté mon château de Chenonceaux et ma roseraie de Bourg-la-Reine...

LE CHANTEUR – Ton fumier !

LE CHIFFONNIER – Avec ça que je subventionne le Ritz. Avec ça que j'entretiens mes douze danseuses.

AURÉLIE – Vous êtes un triste personnage, président. J'espère qu'elles vous trompent toutes les douze !

LE CHIFFONNIER – Erreur, erreur ! Quand trompe-t-on quelqu'un ? Quand on le quitte pour ce qui n'est pas lui. Je possède tout l'Opéra. Mes douze danseuses peuvent me tromper avec douze danseurs, avec l'administrateur général, avec les machinistes, avec le cor anglais. Je les possède eux aussi. C'est comme si elles me trompaient avec moi-même. Cela ne me fait ni chaud ni froid !

AURÉLIE – Quelle ignominie ! J'espère que vous n'entendez pas, Gabrielle ?

GABRIELLE – Quoi donc ?

AURÉLIE – Qu'il se réjouit d'être trompé par ses danseuses. D'ailleurs on voit à sa mine qu'il n'a pas que ces douze-là.

LE CHIFFONNIER – J'ai toutes les femmes. Avec l'argent on a toutes les femmes, les personnes présentes exceptées. Les maigres avec du foie gras, les grasses avec des perles. J'enveloppe de vison la rétive, et en se débattant elle trouve bien le moyen d'enfiler les manches. À celle qui marche vite, je crie par-derrière qu'elle aura sa Rolls-Royce, et elle ne va plus qu'à petits pas. Juste un pied devant l'autre. Un rudement petit pied. Il n'y a plus qu'à la cueillir.

LE MARCHAND DE LACETS – Quelle crapule !

LE CHIFFONNIER – Toutes sans exception ! Y compris Irma !

LE JONGLEUR – Prends garde. Irma t'a déjà botté comme chiffonnier !

LE CHIFFONNIER – Elle me mangera comme milliardaire !

AURÉLIE – Eh bien ! hésitez-vous encore, Gabrielle ? Il est cynique ! Voilà où mène l'argent !

GABRIELLE – En effet, c'est épouvantable !

LE CHIFFONNIER – Voilà où l'argent mène, et que lui reprochez-vous ? Il est l'honnêteté. Ceux qui n'ont pas d'argent et qui fondent des affaires, ce sont des agents véreux. Si l'on appelle véreux l'homme d'affaires qui n'a pas d'argent, c'est que l'argent est une qualité et pas un vice. Avec l'argent dans une affaire, les ouvriers touchent, le matériau est solide. Je prends les maisons de conserve. Si la maison a des capitaux au départ, pas une vieille boîte qui ne puisse resservir. Même celles de thon, qu'on ouvre à la cisaille. Elle les rachète au chiffonnier à prix d'or !

AURÉLIE – Et le pétrole ? Depuis le début de la séance, vous évitez de parler du pétrole ?

LE CHIFFONNIER – Je ne parle pas du pétrole, comme je ne parle pas de la houille, du coton, de la banane. Tout cela est à moi. Je n'aime pas parler de moi. Comme je ne parle pas du caoutchouc. Car ce que j'ai dit des vieilles boîtes de conserve, je le dis aussi des vieilles chambres à air. Si elles sortent d'une maison riche, elles vous rendent encore des services incroyables ! Aux sports : pour les baigneurs de la Marne. À la nation : pour les ronds-de-cuir des fonctionnaires. À l'amour : pour les corsets. Ah ! mes amis. Il n'y a qu'à voir la gueule d'un billet de dix francs à côté de deux pièces de cent sous pour comprendre l'argent. Vous êtes tous de mon avis, et vous aussi, les dames, ou vous me la faites en large ! Vive l'argent, camarades ! Je bois mon thé à sa santé... Dieu, que c'est mauvais !

AURÉLIE – Vos projets, si vous trouvez dans Chaillot le pétrole que vous cherchez ?

LE CHIFFONNIER – J'achète le château de Chambord. C'est plus spacieux. J'entretiens en supplément les danseuses de l'Opéra-Comique. Ce sera plus gai. Je n'ai que des chevaux de plat. J'achète des chevaux d'obstacle. Je n'ai que des tableaux sur toile, j'en achète sur bois, j'en achète sur marbre, c'est plus solide. J'achète Irma !

JOSÉPHINE – Qu'as-tu à t'agiter, Constance ?

AURÉLIE – Tu as à questionner cet ignoble individu ?

CONSTANCE – Oui, je voudrais savoir comment on fait ressouder les boîtes de conserve vides. J'en ai justement deux.

LE CHIFFONNIER – Vous me les donnerez. Je vous ferai ça à l'autogène.

JOSÉPHINE – Constance, attends la fin du débat. Tu es exclue de la discussion. L'accusé t'a achetée avec ses fleurs.

LE JONGLEUR – Et il n'y connaît rien, Madame. Demandez-lui le nom de celle que vous avez au corsage. Il ne vous le dira pas.

AURÉLIE – Excellente idée. Nous allons juger de sa bonne foi ! Approche, Sibylle.

La fleuriste approche.

Montre-lui tes fleurs, l'une après l'autre. S'il rate un nom, n'est-ce pas, notre siège est fait ?

SIBYLLE – Celle-là ?

LE CHIFFONNIER – Merci, belle enfant !

SIBYLLE – Ne la prenez pas ! Son nom !

LE JONGLEUR – Son nom !

LE CHIFFONNIER – Jamais, je m'y refuse ! Me demander le nom d'une fleur, c'est comme si vous me demandiez le nom d'une de mes danseuses. Elles sont mes danseuses. Et c'est tout. Je la respire. Je l'embrasse. C'est ma danseuse. C'est ma fleur ! Je me fiche de son nom !

LE MARCHAND DE LACETS – Quelle arsouille !

AURÉLIE – La cause me semble entendue, n'est-ce pas, mes amis ? Vous êtes témoins. Il ne sait même pas le nom du camélia. L'argent est bien le mal du monde !

Brouhaha hostile à l'avocat.

Tu mets aux voix, Joséphine ?

LE CHIFFONNIER – Comment entendue ! Je suis membre des deux cents familles ! Jamais cause n'est entendue pour un membre des deux cents familles !...

JOSÉPHINE – Je vous ordonne de vous taire. Notre siège est fait.

LE CHIFFONNIER – Pas d'ordre qui vaille pour les membres des deux cents familles ! Et pas de lois ! Vous ne les connaissez pas ! Les Durand pêchent à la cartouche la nuit. Les Duval se baignent sans caleçon en été, hommes et femmes, et si ça leur plaît, dans les bassins de la Concorde. Pour l'agent qui verbalise les Mallet s'ils manquent de plaque à leur tandem, c'est la révocation. Et j'en passe. Au football, pas un gardien de but qui ose arrêter les Boyer. Les membres des deux cents familles peuvent tourner le derrière, Mesdames, on leur sourit et on les embrasse comme s'ils étaient de face. On l'embrasse. Ils n'en sont pas plus fiers, mais les lécheurs l'exigent. C'est pour cela que je veux épouser Irma. Elle en est aussi. C'est une Lambert. Tu verras nos enfants, Irma. Pas besoin de leur faire toilette. Les lécheurs seront là.

Il a saisi Irma. Les autres s'approchent.

Touchez un seul de mes cheveux, vous autres. Vous verrez ce que c'est que les lettres de cachet, et les galères à rame, et les masques de fer. Les deux cents ne sont pas méchants. Quand on l'attaque, il se défend. C'est sa devise. Avis aux dompteurs et dompteuses.

LE MARCHAND DE LACETS – Et gare aux poux !

AURÉLIE – C'est du chantage ?

LE CHIFFONNIER – Non. Mais je vous préviens.

AURÉLIE – C'est du chantage. Tu n'entends pas, Joséphine ?

JOSÉPHINE – Et de l'insulte au tribunal. Je lève la séance. D'autant que j'ai à voir passer aux Champs-Élysées quelqu'un qui n'attend pas...

AURÉLIE – Cela suffit, sinistre individu. S'il était des hésitants, vos discours ont levé tout scrupule.

La Folle de Chaillot, Acte II, pp. 120-131.

Simone de Beauvoir (1908-1986), Pour l'autonomie économique des femmes

Cet extrait du Deuxième Sexe *entre en écho de façon saisissante avec les articles d'Hubertine Auclert. Pour toutes deux, l'indépendance économique de la femme est essentielle à son accomplissement. En 1949, lorsque Simone de Beauvoir, alors âgée de 41 ans, écrit son ouvrage majeur, les femmes ont acquis le droit de vote depuis quatre ans, et leurs droits civiques et politiques sont quasiment égaux à ceux des hommes. Tout n'est pas gagné pour autant : le monde économique est majoritairement masculin, les travailleuses ont souvent des salaires faibles, des « salaires d'appoint » qui les condamnent à se « faire aider » par les hommes (ici Beauvoir croise féminisme et lutte des classes). Le modèle, pour Beauvoir, est celui des rares femmes qui réussissent à trouver une autonomie économique et sociale dans leur profession. Mais, élevées différemment des garçons, elles n'arrivent pas encore à rivaliser entièrement avec eux.*

Le code français ne range plus l'obéissance au nombre des devoirs de l'épouse et chaque citoyenne est devenue une électrice ; ces libertés civiques demeurent abstraites quand elles ne s'accompagnent pas d'une autonomie économique ; la femme entretenue – épouse ou courtisane – n'est pas affranchie du mâle parce qu'elle a dans les mains un bulletin de vote ; si les mœurs lui imposent moins de contraintes qu'autrefois, ces licences négatives n'ont pas modifié profondément sa situation ; elle reste enfermée dans sa condition de vassale. C'est par le travail que la femme a en grande partie franchi la distance qui la séparait du mâle ; c'est le travail qui peut seul lui garantir une liberté concrète. Dès qu'elle cesse d'être un parasite, le système fondé sur sa dépendance s'écroule ; entre elle et l'univers il n'est plus besoin d'un médiateur masculin. La malédiction qui pèse sur la femme vassale, c'est qu'il ne lui est permis de rien faire : alors, elle s'entête dans l'impossible poursuite de l'être à travers le narcissisme, l'amour, la religion ; productrice, active, elle reconquiert sa transcendance ; dans ses projets elle s'affirme concrètement comme sujet ; par rapport avec le but qu'elle poursuit, avec l'argent et les droits qu'elle s'approprie, elle éprouve sa responsabilité. Beaucoup de femmes ont conscience de ces avantages, même parmi celles qui exercent les métiers les plus modestes. J'ai entendu une femme de journée, en train de laver le carreau d'un hall d'hôtel qui déclarait : « Je n'ai jamais rien demandé à personne. Je suis arrivée toute seule. » Elle était aussi fière de se suffire qu'un Rockfeller. Cependant il ne faudrait pas croire que la simple juxtaposition du droit de vote et d'un métier soit une parfaite libération : le travail aujourd'hui n'est pas la liberté. C'est seulement dans un monde socialiste que la femme en accédant à l'un s'assurerait l'autre. La majorité des travailleurs sont aujourd'hui des exploités. D'autre part, la structure sociale n'a pas été profondément modifiée par l'évolution de la condition féminine ; ce monde qui a toujours appartenu aux hommes conserve encore la figure qu'ils lui ont imprimée. Il ne faut pas perdre de vue ces faits d'où la question du travail féminin tire sa complexité. Une dame importante et bien pensante a fait récemment une enquête auprès des ouvrières des usines Renault : elle affirme que celles-ci préféreraient rester au foyer plutôt que de travailler à l'usine. Sans doute, elles n'accèdent à l'indépendance économique qu'au sein d'une classe économiquement opprimée ; et d'autre part les tâches accomplies à l'usine ne les dispensent pas des corvées du foyer[33]. Si on leur avait proposé de choisir entre 40 heures de travail hebdomadaire à l'usine *ou* dans la maison, elles auraient sans doute fourni de toutes autres réponses ; et peut-être même accepteraient-elles allègrement le cumul si en tant qu'ouvrières elles s'intégraient à un monde qui serait leur monde, à l'élaboration duquel elles participeraient avec joie et orgueil. À l'heure qu'il est, sans même parler des paysannes[34], la majorité des femmes qui travaillent ne s'évadent pas du monde féminin traditionnel ; elles ne reçoivent pas de la société, ni de leur mari, l'aide qui leur serait nécessaire pour devenir concrètement les égales des hommes. Seules celles qui ont une foi politique, qui militent dans les syndicats, qui font confiance à l'avenir, peuvent donner un sens éthique aux ingrates fatigues quotidiennes ; mais privées de loisirs, héritant d'une tradition de soumission, il est normal que les femmes commencent seulement à développer un sens politique et social. Il est normal que, ne recevant pas en échange de leur travail les bénéfices moraux et sociaux qu'elles seraient en droit d'escompter, elles en subissent sans en-

33. J'ai dit dans le tome Ier, p. 225, combien celles-ci sont lourdes pour la femme qui travaille dehors.
34. Dont nous avons examiné la condition tome Ier, p. 223.

thousiasme les contraintes. On comprend aussi que la midinette, l'employée, la secrétaire ne veuillent pas renoncer aux avantages d'un appui masculin. J'ai dit déjà que l'existence d'une caste privilégiée à laquelle il lui est permis de s'agréger rien qu'en livrant son corps est pour une jeune femme une tentation presque irrésistible ; elle est vouée à la galanterie du fait que ses salaires sont minimes tandis que le standard de vie que la société exige d'elle est très haut ; si elle se contente de ce qu'elle gagne, elle ne sera qu'un paria : mal logée, mal vêtue, toutes les distractions et l'amour même lui seront refusés. Les gens vertueux lui prêchent l'ascétisme ; en vérité, son régime alimentaire est souvent aussi austère que celui d'une carmélite ; seulement, tout le monde ne peut pas prendre Dieu pour amant : il faut qu'elle plaise aux hommes pour réussir sa vie de femme. Elle se fera donc aider : c'est ce qu'escompte cyniquement l'employeur qui lui alloue un salaire de famine. Parfois, cette aide lui permettra d'améliorer sa situation et de conquérir une véritable indépendance ; parfois, au contraire, elle abandonnera son métier pour se faire entretenir. Souvent elle cumule ; elle se libère de son amant par le travail, elle s'évade de son travail grâce à l'amant ; mais aussi elle connaît la double servitude d'un métier et d'une protection masculine. Pour la femme mariée, le salaire ne représente en général qu'un appoint ; pour la « femme qui se fait aider », c'est le secours masculin qui apparaît comme inessentiel ; mais ni l'une ni l'autre n'achètent par leur effort personnel une totale indépendance.

Cependant, il existe aujourd'hui un assez grand nombre de privilégiées qui trouvent dans leur profession une autonomie économique et sociale. Ce sont elles qu'on met en cause quand on s'interroge sur les possibilités de la femme et sur son avenir. C'est pourquoi, bien qu'elles ne constituent encore qu'une minorité, il est particulièrement intéressant d'étudier de près leur situation ; c'est à leur propos que les débats entre féministes et antiféministes se prolongent. Ceux-ci affirment que les femmes émancipées d'aujourd'hui ne réussissent dans le monde rien d'important et que, d'autre part, elles ont peine à trouver leur équilibre intérieur. Ceux-là exagèrent les résultats qu'elles obtiennent et s'aveuglent sur leur désarroi. En vérité, rien n'autorise à dire qu'elles font fausse route ; et cependant il est certain qu'elles ne sont pas tranquillement installées dans leur nouvelle condition : elles ne sont encore qu'à moitié du chemin. La femme qui s'affranchit économiquement de l'homme n'est pas pour autant dans une situation morale, sociale, psychologique identique à celle de l'homme. La manière dont elle s'engage dans sa profession et dont elle s'y consacre dépend du contexte constitué par la forme globale de sa vie. Or, quand elle aborde sa vie d'adulte, elle n'a pas derrière elle le même passé qu'un garçon ; elle n'est pas considérée par la société avec les mêmes yeux ; l'univers se présente à elle dans une perspective différente. Le fait d'être une femme pose aujourd'hui à un être humain autonome des problèmes singuliers.

Le Deuxième Sexe tome 2 : L'expérience vécue, Paris, Gallimard, 1949.

Suprême NTM, 1991,
L'argent pourrit les gens

Authentik, *le premier album du groupe NTM, a connu un succès massif; il est souvent cité comme le véritable acte de naissance du rap français. Les morceaux qui le composent sont pour beaucoup des chansons à texte, traitant du racisme, des inégalités sociales, de la vie dans les cités. Parmi eux, « L'argent pourrit les gens » dénonce la corruption des gouvernements, mais aussi de tout individu s'il se laisse aveugler par la « clarté » de l'argent.*

L'originalité du texte réside dans le fait que les chanteurs admettent qu'ils sont eux aussi attirés par l'argent : « Je ne prétends pas du tout être différent/ J'aime l'argent, l'adopter le maîtriser ». Mais les rappeurs martèlent qu'il rend individualiste, prédateur et, décidément, qu'il ne fait pas le bonheur. La vraie fortune qu'ils possèdent – du moins à leurs débuts – est ailleurs, dans leur combat, leur énergie pour « faire avancer les choses ».

Personne ne peut comprendre
Ma vie n'est pas à vendre
Et je le clame haut et fort
Il ne faut pas se méprendre
Asphyxiant les sentiments
L'argent pourrit les gens
Précisément en ce moment
Tout s'achète tout se vend
Même les gouvernements
Prêts à baisser leur froc
Pour une question d'argent
Avec une veste réversible
Suivant le temps
Apparemment l'armement

Passe largement avant
La condition de vie de chacun
Le monde est plein de bombes
Qui creuseront nos tombes
Maintenant tu sais à quoi sert le fric
Qui à lui seul pourrait stopper la famine en Afrique

[Refrain :]
L'argent pourrit les gens,
J'en ai le sentiment

Faire avancer les choses
Défendre notre cause
Pour une métamorphose
Voilà ce qui s'impose
Loin de tous ces requins
Je poursuis mon chemin
Loin de la tune, mon posse évolue
Voilà ma vraie fortune
Sans grand moyen, oui je suis né
Et pourtant prêt à affronter
Cette injuste réalité
Pré-réglée par le pognon
Car sur ma face
Il est écrit que je suis à l'écart
De la grande répartition monétaire
Préservée depuis plus d'un millénaire
Riche et pauvre, oui depuis trop longtemps
Les valeurs n'ont pas changé
Quel que soit le siècle
Quelle que soit l'heure, mes yeux ont peur
Car la monnaie a une clarté
Qui aveugle mes frères
Dealant la mort au coin des rues
Se charcutant pour un blouson
Hé mec ! De cette façon
Le pognon ne fera pas l'ampleur de ta condition

[Refrain]

Je ne prétends pas du tout être différent
J'aime l'argent, l'adopter le maîtriser
Le contrôler avec doigté
Doit t'apporter une jouissance interne et intense
Quelle qu'en ait été l'origine de la semence
Oui j'ai ce défaut aussi
Mais je n'ai pas trahi
La confiance de mes pairs
Pour une sale affaire de fric
Situation courante et dramatique
La corruption est une arme à ne pas négliger
Si tu veux réussir en politique
Sache que l'arnaque est une « technique »
Une tactique illicite
Qui profite toujours aux mêmes, aux piliers du système
Mais que fait la justice ?
L'argent les rend complices

[Refrain]

La convoitise perpétuelle des biens de mon prochain
Ne font qu'enflammer constamment
Mon amour pour l'argent
Et pourtant, étant conscient
Que cette valeur est matérielle
Rien ne m'arrête pour l'acquérir
Donc je me fais prédateur
Pour une poignée de papier
Qui pour un jour ou plus
Me fera croire que l'argent fait le bonheur
Oui ! Je me leurre
Déréglé par le système qui me pousse à l'extrême
Je suis en bas, mais bien plus haut
Incomparable par leurs niveaux
Des gens tournent le dos
A la famine de leur égaux
Dédaignant leurs pairs
Car, plus ils croulent sous l'argent

Moins le monde devient réel
Est-ce le bonheur ?
Non je ne crois pas que le pognon
Soit une rançon du bonheur

« L'ARGENT POURRIT LES GENS »
(Bruno LOPES – Didier MORVILLE/ Franck LOYER)

Pour en savoir plus

Damien de Blic et Jeanne Lazarus, *Sociologie de l'argent*, Paris, La Découverte, 2007

Luc Boltanski et Ève Chiapello, *Le Nouvel Esprit du capitalisme*, Paris, Gallimard, 1999

Pascal Canfin, *Ce que les banques vous disent et pourquoi il ne faut (presque) jamais les croire*, Paris, Les petits matins, 2012

Steven Hause, *Hubertine Auclert: the French Suffragette,* New Haven, Yale University Press, 1987

Christophe Reffait, *La Bourse dans le roman du second XIXe siècle : Discours romanesque et imaginaire social de la spéculation*, Paris, Honoré Champion, 2007

Paul Jorion, *L'Argent mode d'emploi*, Paris, Fayard, 2009

Pierre Klossowski, *La Monnaie vivante* (1970), Paris, Éd. Payot & Rivages, coll. Petite bibliothèque, 1997

Maurizio Lazzarato, *La Fabrique de l'homme endetté : Essai sur la condition néolibérale*, Paris, Éd. Amsterdam, 2011

Michel Aglietta, André Orléan, *La Violence de la monnaie*, Paris, PUF, coll. Économie en liberté, 1992

Georg Simmel, *Philosophie de l'argent*, Paris, PUF, coll. Quadrige Grands textes, 2007

Table des matières

Achevé d'imprimer par CPI Aubin Imprimeur
en octobre 2012.